sur les bancs de la même faculté que l'ancien député du Gers. Je n'en médirai pas.

Lorsqu'il pose les bases de ce droit international et dit que l'article premier de cette déclaration affirmera le droit de vivre pour toutes les nations, grandes ou petites, fortes ou faibles, que l'article deux devra proclamer le droit des populations à vivre sur le territoire où leurs ancêtres ont vécu, que l'ensemble du monument nouveau devra être dominé par le principe qui est à la base de toute construction juridique : *Pacta sunt servanda*, M. Joseph Barthélemy ne me paraît pas innover en la matière. L'expérience nous apprend que le droit est incapable par sa seule puissance d'assurer la paix. Il a besoin d'être étayé par la force. Nous tournons donc dans un cercle vicieux. Si l'on veut mettre fin à l'état de guerre presque permanent qui est celui de notre planète, en particulier de notre petit continent, il ne suffit pas de dire le droit, faut-il encore en assurer le respect, non par la force mais par l'intérêt. Le jour que tous les peuples seront bien convaincus qu'en violant le droit ils nuiront à leurs intérêts les plus évidents et les plus importants, ils deviendront les gardiens vigilants de ce droit, envers et contre tous. Etablir une charte internationale, oui, à la condition que les principes juridiques qu'elle énoncera aient pour but de défendre, en même temps que la liberté des hommes et l'indépendance des peuples, leurs intérêts matériels.

Ce ne sont ni des guerriers, ni des diplomates, ni même des juristes, ceux qu'Ernest Lavisse ridiculise dans le passage que je citais au début de cet article, qui établiront les bases du prochain traité de paix. Ce seront des financiers et des économistes. Serons-nous mieux servis ? Peut-être, et j'admets qu'on en doute. Mettons que ce sera un moindre mal, en attendant des jours meilleurs. Il ne faut jamais trop demander à la vie afin de limiter le champ de ses déceptions.

HENRY DE CHAMBON.

Le fruit du cacao s'appelle cabosse. Cet indigène de la Côte d'Ivoire est occupé à en extraire la graine, qui entre dans la fabrication du chocolat

Bulletin Politique

Les événements extérieurs ont relégué loin toutes les questions de politique intérieure. Nous le constatons avec plaisir, car nous voyons dans ce fait la preuve que lorsque les intérêts supérieurs du Pays sont en jeu toutes les passions partisanes s'éloignent.

En réalité, les remous qui vinrent agiter les eaux parlementaires, au début de ce mois, étaient plus superficiels que certains le prétendaient et voulaient le faire croire. Ils ne paraissaient pas eux-mêmes bien convaincus de la justesse de leurs griefs et les quelques personnages consulaires qui ont mené la bataille contre le ministre Paul Reynaud sont sortis passablement diminués d'une aventure qu'avec un peu de bon sens il n'auraient pas tentée.

Le Président du Conseil était certain d'obtenir la majorité des suffrages dans les deux Assemblées, à la suite des interpellations qui devaient s'y produire. Actuellement, c'est l'unanimité du Parlement qui est derrière lui, ou mieux à ses côtés, pour mener la lutte.

Au Sénat, M. Bienvenu-Martin, président du groupe de la gauche démocratique, radicale et radicale-socialiste, le plus important de la Haute-Assemblée, vivement applaudi par ses collègues, a dit qu'il est nécessaire « de laisser, dans les circonstances présentes, au gouvernement toute liberté pour prendre les mesures que la situation comporte ».

M. Paul Reynaud, devant de très nombreux sénateurs attentifs, a fait une courte et énergique déclaration, expliquant la situation internationale et faisant ressortir la différence entre l'action allemande et celle des alliés.

L'opération effectuée par l'Allemagne au Danemark et tentée en Norvège était prévue et n'a pas pris au dépourvu le haut-commandement allié. Cette opération démontre, encore une fois, la volonté de puissance de l'Allemagne. Aujourd'hui, le conflit franco-anglo-allemand n'est plus qu'un des épisodes de la lutte qui met aux prises une Allemagne poursuivant son rêve de domination européenne et les nations désireuses de sauvegarder leur indépendance nationale et leurs libertés publiques.

La neutralité est devenue une fiction juridique et une impossibilité matérielle. Les neutres sont le véritable enjeu de la guerre actuelle. Ou ils doivent se soumettre à la domination allemande ou ils doivent rallier le camp des alliés. Au cours de l'Histoire, on n'a jamais assisté à une manifestation aussi évidente de la force brutale au service d'un despotisme qui ne recule devant aucun moyen, ni aucune considération.

On comprendra que nous négligions, pour le moment, tous les problèmes intérieurs qu'il ne faut, toutefois, pas perdre de vue. La conduite vigoureuse de la guerre implique une concordance absolue entre l'effort de l'avant et celui de l'arrière. Il faut fournir à l'un et à l'autre les moyens de se produire. Nous sommes persuadés que le Gouvernement s'en préoccupe et nous lui faisons entière confiance. Le Pays le jugera à ses actes. Il serait déçu s'il prêtait le flanc à la critique. En temps de guerre, il n'est pas permis de se tromper.

R. P.

Le Professeur C. Bouglé

La mort du Professeur Bouglé a mis en deuil tous ceux, dans le monde entier, qui s'intéressent aux choses de l'esprit, tous ceux qui ont connu ce maître de la Jeunesse, tous ceux qui comprennent ce qu'est l'Université française. Ne reprenons pas ici les biographies que la presse a publiées et qui ne sont pas sans quelques erreurs de détail : il faudrait dire ce que furent les années de cette carrière studieuse tout le long de laquelle serait noté quelque trait exemplaire, rappeler comment ce fils d'officier, qui, sans un accident jugé malencontreux, serait devenu lui-même militaire, fut reçu licencié à 20 ans et à 22 ans premier après un séjour en Allemagne, grâce à une bourse de voyage, suivit la filière habituelle : professeur au lycée de St-Brieuc dans sa Bretagne natale, maître de conférences à l'Université de Montpellier, professeur à celle de Toulouse et enfin très rapidement professeur à la Sorbonne avant même d'avoir atteint la quarantaine.

Ses camarades de promotion à l'Ecole Normale, — les René Berthelot, les Brunschvicg, les Elie Halévy entre autres plus distingués — pourraient dire les étapes de cette formation intellectuelle, ses collègues de l'enseignement et ses élèves évoquer les épisodes qui marquèrent les belles années de province et de Paris ; et, certes, nous trouverions dans leurs récits bien des traits qui permettraient de deviner déjà ce que serait le Bouglé directeur de l'Ecole Normale Supérieure dont le passage dans cette illustre maison aura profondément marqué. Découvrant des vocations, dirigeant les aptitudes, accordant à ceux qui le méritaient une aide multiforme, morigénant et réprimandant sans humeur, complimentant sans flatterie, ne laissant rien passer qu'on pût croire inaperçu, méritant la confiance par ses conseils ou forçant au tennis l'admiration de ses jeunes adversaires, encourageant les artistes aussi bien que les sportifs, il fut un directeur original et parfait. C'est à ce poste que la mort est venue le frapper et c'est dans cette maison, pour laquelle il a tant fait, qu'il a stoïquement lutté pendant dix-huit mois contre la souffrance ; demeurant énergique, attentif à toutes choses, gardant son jugement indépendant et bien fondé, consentant bien souvent un effort excessif quasi prodigieux s'il le jugeait nécessaire, il doit être donné comme exemple de ce que peut la volonté humaine pour demeurer maîtresse du corps qu'elle anime et ce ne serait pas assez de dire de le proclamer le modèle des maîtres.

C'est pourtant le maître, l'éducateur, le philosophe, l'animateur, qu'il convient de célébrer aujourd'hui que son départ démontre à quel point cette perte est irréparable. « Je ne suis pas un philosophe », disait-il parfois presque sans ironie. Et sans doute était-il dans le vrai s'il faut entendre qu'il n'avait rien de ces nébuleux abstracteurs de quintessence dont il savait merveilleusement définir, résumer, expliquer en quelques mots les théories les plus difficiles. Il le faisait consciencieusement et sans erreur, montrant par là son aptitude à comprendre et à faire comprendre, toujours sans prétention et sans nul dédain. S'il admettait avec bonne volonté les doctrines parfois hermétiques, il se serait gardé de proclamer inexistantes les métaphysiques prétendues trop faciles ; celle de Voltaire par exemple, pour ne parler que des siècles passés.

C'est cela même qui est le devoir d'un éducateur. L'un des derniers ouvrages de Bouglé, « Les Maîtres de la Philosophie Universitaire en France », nous offre un remarquable exemple de cette manière de présenter les doctrines des maîtres qui ont eu depuis un demi-siècle une si grande influence sur la jeunesse pensante, les Lachelier, les Rauh, les Lalande, Bergson, Blondel, Brunschvicg, etc... Il n'y aurait nulle exagération à ajouter le nom de C. Bouglé à la suite de ces philosophes universitaires ; il n'y a pas que des métaphysiciens parmi les philosophes et c'est comme sociologue que prendrait place le maître dont nous sommes aujourd'hui en deuil. Il a été le théoricien du Solidarisme sur lequel il a écrit un livre définitif.

M. Bouglé a été l'un des premiers à suivre Durkheim dont la doctrine subissait bien des attaques. Ceci était une raison de plus pour que le combattif Bouglé se prononçât en faveur de la sociologie. Aujourd'hui, ni les historiens, ni les philosophes ne refusent à la nouvelle science son rang et son rôle. Bouglé soutint en Sorbonne une thèse de doctorat qui fit événement sur « les Idées égalitaires » dans laquelle il appliquait les règles de la méthode sociologique à un problème jugé discutable par les philosophes et les moralistes. Mais ce n'était qu'un début, et pour juger à quel point Bouglé s'est affirmé un maître original, il faut lire non seulement son « Qu'est-ce que la sociologie ? », et son « Bilan de la Sociologie française contemporaine », mais surtout son étude sur « le Régime des castes dans l'Inde » et ses « leçons de sociologie sur l'évolution des valeurs ». Il s'appliquait à déceler les doctrines d'ordre sociologique chez les auteurs passés qui ne connaissaient pas ce nom. Il faut avoir entendu professer en Sorbonne le cours qu'il consacra à « la sociologie de Proudhon » pour comprendre à quel point il savait être pénétrant et aussi persuasif. Le public se faisait une fête de ces cours et l'amphithéâtre était bondé.

Sociologue, Bouglé l'était encore dans ses petits ouvrages qui ressemblaient presque à des manuels de propagande et où l'on trouvait, ramenées à des formules extrêmement simples, les questions difficiles qu'il avait tirées au clair après mûres réflexions. Citons un exemple : « l'Educateur laïque, son attitude devant la religion, le socialisme, le patriotisme » est le type même de ces œuvres mineures, qui ne sont cependant pas des volumes de vulgarisation, et où l'on trouve énormément de savoir, un grand souci de méthode, un grand talent d'exposition. Qu'on lise aussi dans le beau volume de l' « Encyclopédie Française » publié sous sa direction (sur « Education et Instruction ») les pages qu'il consacra à l' « éducation morale et l'école » et la solide introduction « Pédagogies et société ».

Très attentif à suivre le mouvement de la pensée moderne, Bouglé attacha beaucoup de soin à l'étude de ces précurseurs. Avec son ami Elie Halévy, il a remis au jour les doctrines de Saint-Simon dont il a montré la surprenante actualité. De même, il sut grouper autour de lui pour l'étude de Proudhon une équipe de professeurs ou d'érudits avec lesquels il entreprit la publication d'une édition critique et savante de ce penseur si souvent méconnu, édition qui demeurera un des titres de gloire de l'édition française. Nul particularisme n'entrait dans le choix de ses sujets d'étude ; il sut parler, dans un même esprit scientifique, de Joseph de Maistre, de Louis de Bonald, aussi bien que de Lamennais, son compatriote breton.

La seule énumération de ces noms illustres montre assez le souci qu'eut Bouglé de célébrer les maîtres de la pensée française. Il le fit sans fanatisme, mais après avoir sondé la pensée des grands philosophes étrangers. Comme tous les philosophes, il a longuement étudié la philosophie allemande. De son séjour outre-Rhin dont il a été question plus haut, il avait rapporté deux livres : un volume de « notes d'un étudiant français en Allemagne » qu'il signa Jean Breton, et un recueil de quatre études sur « les Sciences sociales en Allemagne » ; ouvrage impartial, compréhensif, que l'on consultera toujours avec fruit.

Cette impartialité en présence de la pensée étrangère n'en rendait que plus frappante l'ardente admiration que Bouglé portait aux trésors intellectuels de la France. Il n'attendit pas l'arrivée de la guerre de 1914 pour la manifester, mais pendant la dure période héroïque, il fut tout naturellement un propagandiste de premier ordre pour son pays. Il faut ici insister sur l'attrait que Bouglé a presque sans effort exercé à l'étranger. Durant les vingt années qui se sont écoulées entre les deux guerres, il fut appelé un très grand nombre de fois soit dans les pays de l'Europe Centrale, soit en Amérique où il symbolisait si bien ce que l'on apelle assez justement « la clarté française ». Lors de son dernier voyage il sut y exposer l'œuvre pédagogique des éducateurs français et montrer le fonctionnement si particulier de l'Ecole Normale Supérieure que l'on entendait prendre pour modèle. Parlant d'abondance avec une correction parfaite, avec le don des images et de la métaphore, il séduisait ses interlocuteurs qui, s'ils étaient étrangers, pouvaient avoir parfois quelque peine à suivre cette pensée débordante et si rapidement exprimée.

Ces étrangers, il les accueillait à son tour à Paris, à son Ecole, qu'il savait rendre en quelque sorte souriante, et aussi à son foyer où ils pouvaient se faire une idée infiniment flatteuse pour la France de ce qu'est la bonne grâce et la « bienvenue ». Par là Bouglé a été un incomparable artisan d'amitié internationale. Il avait une fois pour toutes défini ce que devait être l'esprit de paix, le désir de paix, l'espoir de paix, alliés à la religion indescriptible du patriotisme. Il imaginait la possibilité d'un peuple qui dresserait ses instincts vers cet idéal de paix et qui saurait, de toute sa force, respecter les institutions et les mœurs de la paix, méritant bien de l'humanité envers et contre tous les adversaires les plus redoutables.

C'est tout cela qu'il faut rappeler quand on parle de cet homme qui fut un grand éducateur, un incomparable ami et le meilleur homme de bien.

Jules-L. PUECH.

Otto STRASSER

Hitler et moi

Prix : 21 fr.

Editions Bernard GRASSET

61, rue des Saints-Pères, PARIS-VIe

que le décret-loi du 14 juin 1938 donnait au Gouvernement le droit d'étendre aux gravures, par un règlement d'administration publique, l'application de la loi du 1er août 1905 sur la répression des fraudes. Sur la proposition de Legrand, la section a décidé de faire une démarche auprès du Service des Fraudes, en vue de hâter la signature du décret comprenant les gravures parmi les marchandises donnant lieu à l'application de la loi sur les fraudes.

Chareau a mis la section au courant des encouragements qu'il a reçus au sujet du reclassement social de l'artiste. Il estime que le projet de statut social de l'artiste, présenté par Lamourdedieu, pourrait tenir compte de ses suggestions. La section a chargé Corpet d'établir, en liaison avec la C.T.I., un fichier des artistes qu'il est indispensable d'avoir pour faire aboutir le projet de Lamourdedieu.

Desmoulins a insisté pour que la section soit représentée dans le Comité de l'Entr'aide des artistes de la rue Berryer. Legrand lui a fait observer qu'il n'y a pas de délégués proprement dits à ce Comité qui, d'ailleurs, n'a pas pour objet de discuter les projets des Sociétés, mais de venir en aide aux travailleurs des arts graphiques et plastiques.

Legrand a résumé les travaux de la Commission des Architectes, réunie le 26 janvier, sous la présidence de Barillet. La commission s'est surtout préoccupée du placement des architectes et de leurs collaborateurs. Notre collègue Marcilloux, lieutenant à la Chefferie de Versailles, a reçu de chaleureux remerciements de ses confrères pour avoir signalé plusieurs emplois vacants.

Figarol a mis ses collègues au courant de la démarche de la C.T.I. au ministère des Finances et de la préparation de notices individuelles en vue de la recherche d'emplois. Tous les délégués ont été d'accord pour que les offres et demandes d'emploi soient centralisées au siège de la Confédération des sociétés d'Architectes, qui dispose d'un secrétariat permanent.

Figarol a été mandaté pour faire le point en matière de réglementation de la profession et notamment pour réunir les avocats-conseils des sociétés sous la présidence de Me Sarran, vice-président de la C.T.I.

La section se réunira le 6 mars notamment pour le renouvellement du Comité directeur.

SCIENCES PURES ET APPLIQUÉES
Réunion du 3 mars

M. Emile Borel a présidé la réunion des délégués de la section. Après avoir fait l'éloge de la C.T.I., M. Borel a fait procéder à la désignation des délégués au Comité directeur.

M. Barrabé, professeur à la Sorbonne, a été désigné à nouveau comme titulaire et M. Eugène Bloch comme suppléant. Le Dr Jean Verne, professeur à la Faculté de Médecine de Paris, a été également désigné comme suppléant.

PRESSE

Notre collègue, Paul Allard, a été confirmé dans son mandat jusqu'en 1945.

Célestin BOUGLÉ

Nous reproduisons avec plaisir quelques passages du discours, prononcé au Comité d'entente des grandes Associations internationales, par notre ami Louis Gallié, vice-président de la C.T.I. et secrétaire général de la C.I.T.I., à l'occasion de la mort de Célestin Bouglé, directeur de l'Ecole Normale Supérieure et vice-président de la Commission française de Coopération intellectuelle.

Bouglé nous apparaissait comme un survivant d'une génération encore plus éprise d'idées générales que de volonté de réalisation.

Il était encore plongé dans ce XIXe siècle, demeuré toujours frémissant des larges pensées et des théories démocratiques que la Révolution française avait généreusement, sinon toujours heureusement, mises en œuvre.

Mais Bouglé appartenait aussi au XXe siècle où d'autres hommes, sous des formes bien diverses, tentent d'apporter aux pauvres hommes, à défaut de joie morale, des conditions plus heureuses de travail, de famille et d'existence.

....

Bouglé, des aspirations des hommes vers le bonheur, a tenté de dégager des idées directrices, voire des lois pour l'humanité.

C'était une œuvre magnifique. La magnificence de cette tâche lui conférait, en dehors de sa personnalité, une puissance certaine d'attraction pour la jeunesse toujours avide d'un avenir nouveau.

Ceux qui l'ont approché savent qu'il ajoutait encore, pour son prestige, à ces qualités du penseur, des dons d'orateur.

....

Un pareil homme ne pouvait pas ne pas être hanté du Rêve d'une Paix Universelle que les pauvres humains poursuivent si inlassablement.

La Société des Nations n'avait pas eu besoin de l'appeler pour qu'il accourût ; il était citoyen de droit de cette cité nouvelle.

Bouglé, avec patience, avec ténacité, refrénant souvent son ardeur, a été un des meilleurs ouvriers de cette Organisation internationale de Coopération intellectuelle que la Société des Nations, à son apogée, a fondée à l'instigation des Travailleurs intellectuels organisés.

Cette Coopération intellectuelle internationale demeure à la fois un grand exemple et le plus sûr espoir d'un apaisement des esprits, quand les soldats épris de paix et de liberté auront, avec des armes prises par devoir humain, remporté, une fois encore, la Victoire pour la Liberté.

Bouglé, sans esprit de parti, sans particularisme national, avait parmi nous, de tout son cœur ardent, collaboré à ces diverses activités. Il avait, aussi bien, participé de la façon la plus active aux échanges intellectuels entre les créateurs et les universités, à la naissance qu'à la vie des groupements internationaux réunis sous l'égide ou grâce à l'hospitalité de l'Institut international de Coopération intellectuelle.

Célestin Bouglé est mort au début d'une guerre où les peuples qui croient à l'effort libre et à la persuasion devant la dignité humaine ont dû répondre par la violence à ceux qui ne croient qu'en elle. Sa mort pourrait paraître presque un symbole si nous n'avions une foi invincible en la Raison pour abattre toujours la foi aveugle et mythique des mauvais prophètes.

....

Le syndicalisme a perdu un ami :
C. BOUGLÉ (1870-1940)

par G. LEFRANC

Ce journal ne peut laisser partir, sans un mot d'adieu, un homme qui, au long d'une existence bien remplie, mit dans le syndicalisme libre une confiance raisonnée, que les événements avaient plutôt renforcée qu'atteint.

**

Je l'ai connu, voici quinze ans, dans une Ecole Normale Supérieure que le départ brutal de Paul Dupuy et la mort prématurée de Lucien Herr avaient, d'un coup, vidée de toute flamme intérieure. Mais Bouglé, alors professeur à la Sorbonne, venait souvent au Centre de Documentation Sociale qui s'était installé dans une aile, et qui fonctionnait sous sa direction. Nous étions nombreux à y aller, soit à la Bibliothèque, soit à la salle de lecture... ou se tournait vers lui, comme vers celui qui pouvait rendre à l'Ecole sa raison d'être.

Il fut Directeur adjoint, puis Directeur. On escomptait peut-être quelque désordre, tant il était « proche ». Mais ce démocrate savait user d'autorité, même s'il la corrigeait d'une boutade, dépit des incompréhensions ou des ressentiments, il s'est attaché à créer de nouveau un enseignement particulier aux Normaliens. Je le vois encore réunissant les « Agrégatifs de 1938 » pour les faire étudier les doctrines sociales et s'astreignant à corriger leurs études sur le manifeste des soixante. Cependant il continuait à s'occuper du centre de documentation sociale, à y organiser des conférences, dont trois séries réunies sous le titre commun d'Inventaires (I. La Crise Sociale et les Idéologies Nationales ; II. Economique et Politique ; III. Classes moyennes) forme un témoignage unique sur les problèmes du temps présent. Car ce sociologue ne s'intéressait pas qu'aux primitifs ; ce savant voulait comprendre son époque.

**

Il voulait aussi y agir. Montpellier, puis Toulouse, l'avaient vu jeune professeur à la Faculté des Lettres, collègue de Jaurès, se donner à l'œuvre des universités populaires dont il aimait à évoquer l'histoire avec une pointe de malice et beaucoup de fidélité. On l'avait vu suivre de très près le syndicalisme français, la constitution de la C.G.T., la nomination de Niel au secrétariat, applaudir à l'évolution vers des tendances constructives, se féliciter de le voir revenir vers ces socialismes français qu'il aimait analyser et dont il pénétrait si profondément l'âme — « Le Syndicalisme a besoin de la Démocratie, comme la Démocratie a besoin du Syndicalisme », écrivait-il. Syndiqué, il le fut jusqu'à la nomination à la Direction de l'Ecole, comme il fut jusqu'à la même date vice-président de la Ligue des Droits de l'Homme. Le mot de « camarade » ne l'effarouchait pas, il n'hésitait pas à le prononcer lors de notre première conférence des Collèges du Travail.

**

« Des universités populaires à l'éducation ouvrière », c'était le sujet que nous lui avions demandé de traiter ce soir-là. Il avait accepté simplement, comme il acceptait toujours de pareilles demandes. Antérieurement, il était venu à l'Institut Supérieur ouvrier une fois parler du socialisme d'avant Marx, une autre fois étudier « la Religion et le milieu social ». Nous nous proposions lorsque la retraite serait venue, de lui offrir au centre, un enseignement continu.

Ce soir de mars 1938, où déjà l'Europe semblait s'embraser (c'était la nuit de l'Anschluss), de sa voix saccadée, devant un auditoire passionnément attentif, il laissa parler ses souvenirs et ses sentiments. Avec le recul, cette causerie apparaît comme son testament politique. Mû par un obscur pressentiment, il semble avoir voulu y mettre tout ce qu'il portait en lui, convaincu par la présence de ces « étudiants-ouvriers » qui l'écoutaient qu'en dehors, il n'y avait pas de salut.

Quelques semaines plus tard, je le décidais à entreprendre, pour la maison d'édition du Syndicat National des Instituteurs, une collection d'ouvrages d'histoire destinés aux classes primaires. Refaire, en tenant compte des progrès de la Sociologie, de l'Histoire et de la Technique, ce qu'un de ses prédécesseurs, Ernest Lavisse, avait déjà tenté ? La tâche l'attirait. Il ne la jugeait pas indigne de lui, bien au contraire. Un seul ouvrage aura vu le jour, cette Histoire du Travail et de la Civilisation, dont il se proposait d'« essayer » les chapitres sur son petit-fils...

Après des mois de souffrances stoïquement supportées, il s'en va abattu par un mal qui ne pardonne pas. Il a vu venir la fin, n'attendant rien après. Tout droit, comme il a vécu, il est parti. Mais longtemps encore, au détour d'un couloir de la vieille école, nous croirons entendre son pas rapide et voir apparaître sa haute silhouette que l'âge n'avait pas voûtée.

C. BOUGLÉ

La perte de M. Bouglé sera très douloureusement ressentie par les membres du Centre d'Études de Politique Étrangère, par tous ceux qui ont su le rôle qu'il a joué dans sa création et l'activité qu'il a dépensée pour son développement.

Lorsque le Centre fut fondé au début de 1935, Bouglé, avec cette généreuse ardeur qu'il mettait dans toutes les réalisations qu'il jugeait nécessaires, se dépensa sans compter pour notre nouvelle association. Nous avions visité ensemble, dès le début de 1933, le Royal Institute of International Affairs de Londres et nous étions d'accord tous deux sur la nécessité de créer en France une institution analogue. Les problèmes de la politique internationale pourraient y être étudiés avec sérénité, soustraits aux passions politiques et à la lutte des partis.

Bouglé créa à l'intérieur même de notre organisation un groupe d'études destiné à analyser les méthodes mêmes de la recherche internationale. Le livre que nous avons publié au mois de juillet 1937, *L'état des sciences sociales en France*, et qui fut préparé sous sa direction, montre comment les disciplines les plus différentes peuvent et doivent être utilisées par l'expert en politique étrangère.

Au mois de juillet 1937 se tint, sous sa présidence et sous les auspices du Centre d'Études de Politique Étrangère, un Congrès international pour l'étude des questions sociales, dans lequel prédominait cette préoccupation de la recherche d'une méthode dans le domaine de l'étude des problèmes concernant les relations entre les peuples.

Notre collaboration au Centre d'Études de Politique Étrangère fut toujours celle de l'amitié. Ce qui est plus difficile à ses amis de rappeler, au moment où ils sentent tout le chagrin de le perdre, c'est l'incroyable activité de cet esprit et le rayonnement de cette puissante nature. Je suis fier qu'il m'ait été donné de le bien connaître et de retrouver en lui, après une amitié de jeunesse interrompue seulement par les divergences des destinées dans les dernières années de ma carrière, l'ami que je savais, mais aussi le collaborateur et parfois le confident. J'ai pu y apprécier de tout près, en même temps que la ténacité bretonne qu'il apportait à défendre ses vues, le dévouement sans bornes qu'il mettait à leur service.

Le Centre d'Études de Politique Étrangère qui doit tant à M. Bouglé gardera sa mémoire comme celle de l'un de ses fondateurs et de ses amis des premiers jours.

S. Charléty

Un philosophe libéral

hom. littéraires
3/2/40
Bouglé

L'homme remarquable que la mort vient de ravir à nos regards est de ceux qui ne meurent pas tout entiers. Il reste parmi nous parce qu'il représentait, de manière éminente et complète, une forme d'esprit dont on peut dire que, se confondant avec l'esprit français lui-même, elle participe par là-même de son éternité. M. Bouglé était, dans toute l'acception du terme, un *libéral*.

Libéralisme généreux, ouvert et franc, élément essentiel de ce précieux aristocratisme de la pensée que l'Université française a su créer en dégageant de la démocratie les forces spirituelles qu'elle contient ! C. Bouglé le manifestait magnifiquement par la clarté de son regard, par sa physionomie rayonnante d'exquise et permanente bonté, par toute sa personne, toute son attitude et tous ses gestes, surtout par l'accueil si bienveillant qu'il réservait à tous ceux qui, l'approchant, témoignaient de la noblesse et de la droiture de leurs intentions.

La carrière universitaire de C. Bouglé s'est déroulée suivant le rythme consacré. Né à Saint-Brieuc en 1870, il entre à 20 ans à cette Ecole Normale Supérieure, dont il devait devenir le directeur.

La science qu'il a représentée au cours de sa carrière, dont le mouvement a été si nettement ascensionnel, c'est la sociologie, en particulier la sociologie générale. C. Bouglé s'est mû dans ce cadre scientifique avec la plus parfaite aisance et la plus grande liberté. A ses yeux, la sociologie ne pouvait être séparée de la philosophie sociale, mais d'une philosophie sociale qui, orientée vers le rationalisme pratique, devait impliquer une dialectique à la fois claire et rapide, éminemment animatrice, dépassant volontiers, par son dynamisme même, les données de la science exacte et patiente. C'est pourquoi la pensée de C. Bouglé tendait, de plus en plus, à se suffire à elle-même.

Tel est l'esprit dans lequel C. Bouglé a abordé, dans un de ses ouvrages les plus originaux, le problème de la démocratie, de ses principes égalitaires, du fondement scientifique sur lequel elle repose, du compromis qu'elle doit toujours chercher entre un égalitarisme rigoureux, impossible à réaliser, et un régime de castes que C. Bouglé connaissait bien puisqu'il avait étudié aux Indes, sur le plan des institutions hindoues. Ces études l'avaient conduit à celle du socialisme français.

Dans les dernières années de sa vie, C. Bouglé s'est tourné de plus en plus vers la pédagogie. C'est sous sa haute direction que l'Encyclopédie Française a élaboré et publié le volume bien connu qui traite de cette matière.

Il était naturel que C. Bouglé se montrât irréductiblement hostile à toutes les doctrines qui ont tenté de ramener la sociologie humaine à la biologie. Quand nous avons fondé la revue *Races et Racisme*, pour entreprendre la lutte scientifique et pratique, devenue nécessaire, contre le national-socialisme allemand, C. Bouglé n'a pas hésité à se mettre à notre tête.

C. Bouglé n'a jamais cessé de s'intéresser à la politique. Esprit généreux et hardi, orateur fougueux et polémiste étincelant, C. Bouglé est cependant resté l'homme du juste milieu, de la modération en matière sociale. A la fois philosophe et sociologue, individualiste et socialiste de tendances, C. Bouglé se rattache au groupe qui a fondé et vaillamment continué jusqu'à ce jour, en des temps difficiles, la *Revue de Métaphysique et de Morale*.

Edmond VERMEIL,
professeur à la Sorbonne.

Nouv. littéraires
3/2/40

Un grand directeur

« Il faut faire des découvertes, disait volontiers C. Bouglé, perdre de longues heures à fouiner sur les rayons des bibliothèques ». Quand un élève n'y trouvait pas le livre désiré, il l'emmenait dans sa propre « librairie », et là lui remettait le volume dans lequel on glissait une simple fiche marquée d'un B.

Quand il fut devenu le Directeur de l'Ecole Normale Supérieure, il sut se souvenir du temps où il était à l'école le « coturne » de Léon Blum, il s'occupa d'améliorer le sort des élèves. Ardent joueur de tennis, il institua des groupements sportifs, infatigable voyageur, des caravanes qu'il aimait à diriger lui-même.

Toujours et partout il veillait à la vie de l'Ecole, conduisant les discussions du Service de documentation sociale, qu'il avait créé, recevant ses élèves dans sa chambre alors qu'il était déjà malade.

L'an dernier, lorsqu'on dut lui remettre la Croix de commandeur, c'est lui qui demanda que cette petite cérémonie eût lieu le plus simplement du monde autour d'un « pot-chantant » où il demanda à chacun de redire sa chanson.

DANS LA RÉGION

MORT DE Mgr GARNIER
évêque de Luçon

Mgr Gustave-Lazare Garnier, évêque de Luçon, dont nous avions annoncé l'état alarmant dans un précédent numéro, est décédé mardi 30 janvier, vers 16 heures.

Il était né le 1er avril 1857 à Châtillon-en-Bazois (Nièvre). Précédemment vicaire général de Nevers, il avait été nommé évêque de Luçon le 27 mai 1918 et sacré à Nevers, le 25 juillet de la même année.

Les obsèques
de M. Célestin Bouglé,
directeur de l'École Normale Supérieure.

Les obsèques de M. Célestin Bouglé, directeur de l'École Normale Supérieure, commandeur de la Légion d'honneur, ont eu lieu mardi matin à Pleneuf-Val-André.

M. Bouglé a voulu dormir son dernier sommeil dans la terre bretonne, près de ce rivage du Val-André où il avait coutume de passer ses vacances, entouré de l'estime de toute la population.

Le corps était arrivé de Paris au moment où la messe achevée qui fut donnée par M. le Curé, le cortège se dirigea vers le champ du repos.

Derrière le deuil, conduit par la famille, et dans lequel nous avons remarqué M. Ch. Meunier, président du Conseil Général des Côtes-du-Nord, cousin-germain du défunt, beaucoup de nombreuses personnalités: M. le Doyen de la Faculté de Sciences de Rennes, accompagné de M. le Professeur Fromont, représentant M. le Doyen de la Faculté de Droit, tous deux représentant l'Université de Rennes, M. M. le Recteur, M. l'Académie souffrant; M. Vauquier, préfet des Côtes-du-Nord, Le Doux, chef de cabinet; Loncle, maire de Pleneuf, accompagné des membres du Conseil municipal; Hébert, directeur de l'École Normale de Saint-Brieuc, les instituteurs de Saint-Brieuc et de Matignon; Berget, inspecteur d'Académie du premier degré; Danini, inspecteur primaire à Lamballe; Manach, proviseur du Lycée Anatole-Le Bras de Saint-Brieuc, et Mme ; M. le Principal du collège de Dinard; Mme Raynaud, directrice du collège Ernest-Renan de Saint-Brieuc; Mme Dupuis, directrice de l'École Normale d'institutrices de Saint-Brieuc, et de nombreux membres de l'enseignement primaire et secondaire de la région.

Au cimetière, deux discours furent prononcés.

M. Loncle, maire de Pleneuf, au nom de la Municipalité et de la population de cette localité.

Après M. Loncle, M. Max Hébert, directeur de l'École Normale de Saint-Brieuc, ami personnel du défunt, prit la parole au nom des amis de Célestin Bouglé.

Il retraça la brillante carrière du jeune lycéen de Saint-Brieuc devenu très tard un grand personnage de l'Université et de la République et un savant de renommée mondiale.

M. Hébert souligna combien Célestin Bouglé aimait la jeunesse studieuse, lui la normalien resté normalien, puis il évoqua ses voyages et les amis qu'il sut se faire sous toutes les latitudes.

Ce fut ensuite un émouvant hommage au conférencier de grande classe; puis le rappel de sa dernière année d'existence, une année de souffrances courageusement supportées par une âme généreuse, et empreinte de bonté, une âme qui ne avait su la douleur de voir une nouvelle guerre.

mots croisés

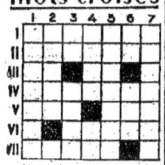

HORIZONTALEMENT :
I. Lieu tourbeux où se vautre le sanglier. — II. Bornés. — III. Chiffon romain: renforcé une réputation. — IV. Cadeau en général. — V. Reçoit le corcage; dogme pour des gens qui n'en... — VII. Transparent. — VII. Séries d'alertes.

VERTICALEMENT :
1. Qui ont plus de régularités que d'agrément. — 2. Mis d'occulte à... — 3. Berceau d'un patriarche ; conquis en sommeil. — 4. Se trouve en grande quantité dans la mer; phébéliquement mal accueilli. — 5. Complaisantes. — 6. Dans les clos de Voltaire ; rarement cuisinée par un maire. — 7. Petite planche taillée comme une ardoise.

LOTERIE NATIONALE
TROISIÈME TRANCHE 1940
TIRAGE 5 FÉVRIER 1940
Participations OUEST-ÉCLAIR

Le dixième .... 11 fr.
Les 10 dixièmes, assortis ... 110 fr.

En vente dans les Dépôts et à la Librairie de l'Ouest-Éclair à Rennes. Joindre mandat et enveloppe timbrée à la commande.

Il ne sera pas fait d'envoi contre remboursement.

RENSEIGNEMENTS MILITAIRES

Communications sur pointes, inconnus militaires honoraires; décorations, etc.

« Consultations postales pour mobilisés dont la famille est éloignée ou la frontière fermée.

Pour tous ces correspondances, écrire à « A », Administrateur de la correspondance à R., à Rennes.

VANNES

AUJOURD'HUI

A 14 heures, Parc des Sports, matches de bienfaisance au bénéfice de l'Entraide aux Foyers du Soldat.
A la h. 45 et 20 h. 45, Garenne, — Le Brigand sublime, un film de Maurice Lehmann, avec Charles Vanel.
A 21 h. et 20 h. 45, Olympia : Surf-Boy, avec Vanel.
A 21 h., Université : Conférence du sport, avec Henry Galais et...

ŒUVRES DE GUERRE
faisant appel
à la générosité publique

Une instruction en date du 24 janvier 1940 de M. le Président du Conseil et de M. le Ministre de l'Intérieur précise et commente, en les complétant, les articles du décret du 30 novembre 1939, paru au Journal Officiel du 1er décembre, concernant les Œuvres ou Associations, reconnues ou non d'utilité publique, créées antérieurement à la guerre ou à l'occasion de celle-ci, qui ont pour but principal ou accessoire de soulager les souffrances causées par la guerre, et qui doivent faire appel à la générosité publique.

Cette instruction prévoit également la constitution et la transmission d'une Commission départementale du contrôle chargée d'examiner les demandes présentées et d'émettre son avis sur les sollicitations adressées.

Le préfet du Morbihan a, en conséquence, l'honneur d'informer les dirigeants des Œuvres qui ont déjà fait appel à la générosité publique, qu'ils doivent, dès à présent, présentement, adresser pour demande à la préfecture (1re division) pour l'arrondissement chef-lieu, et à la sous-préfecture intéressée, dans les conditions déterminées par le décret du 29 novembre précité. Tous renseignements pourront en outre être fournis aux intéressés par le même bureau au fonctionnement des Œuvres en question et aux obligations qu'elles seront tenues d'observer.

SUR LA ROUTE, UNE CAVE S'OFFRAIT AUX PASSANTS

M. Alphonse Verschmeeren, entrepreneur de transports à Lorient, transportait le 9 janvier dernier de la gare des États-Unis à Lorient une quantité importante de vins en bouteilles, et sa fille, dans un camion qu'il conduisait.

Côté de Saint-Léonard, à deux kilomètres de Vannes, une panne mécanique se produisit. M. Verschmeeren fut contraint d'abandonner son chargement sur la banquette droite de la route.

Il resta cependant ses dires deux jours sans être inquiété le long du chemin qu'il alla voir ce qui se passait il fut tout surpris de trouver manquante une caisse de 25 bouteilles de muscadet.

« C'était pour lui le moment de prendre en patentant sans doute par la pensée du poste de charge même. S'il le tire à l'Ile. »

On qui encourage sans doute les sénateurs, puisqu'il descend près du camion une barrique de vin rouge et la vidèrent bien entendu.

M. Verschmeeren s'est décidé à porter plainte bien tardivement.

L'imprudence
d'un garde-barrière cause
un accident grave

UN CAMION EST BROYÉ
par une locomotive

Un mort. Un blessé grave

Le Mans, 31 janvier (de notre rédaction). — Un camion de déménagements de l'entreprise Méry, du Pré-Saint-Gervais (Seine), empruntait de La Flèche vers Paris, a été tamponné mardi vers minuit au passage à niveau de Laverré (Sarthe), par une machine haut-le-pied qui marchait à environ 80 kilomètres à l'heure.

Des deux occupants, l'un M. Laurent Louis, 32 ans, a été tué sur le coup; l'autre, M. Merlzey Georges, a été transporté à l'hôpital de Saint-Calais dans un état désespéré, bras et jambes fracturées.

Les malheureux furent relevés sur le tablier de la machine. Leur camion qui pesait 4.500 kilos à vide, fut complètement brisé et son châssis traîné pendant plus de 600 mètres.

La nuit était brumeuse et la voie libre en ver : le garde-barrière couché, tenant la responsabilité totale de l'accident, incombe au garde auxiliaire Lefèvre Rolland. Celui-ci avait été prévenu téléphoniquement du passage du convoi. Le train présidait passait à l'arrivée, la lanterne jaune indiquant qu'il était ouvert. Quand Lefèvre ouvrit la barrière, la locomotive était à peine à 100 mètres. Lorsqu'il s'aperçut de sa faute, il préféra prendre la fuite.

Le gendarme de Basse-sur-Braye se rendit aussitôt sur les lieux de l'accident. Ils trouvèrent couché à son domicile. Cet individu, puisqu'il est d'une mauvaise réputation. On le disait ivrogne.

Appréhendé, Lefèvre a été laissé en liberté provisoire.

LES MARÉES

Heures et hauteur des pleines mers

	H.M.	H.S.
Cherbourg	1.01	13.25
Granville	11.32	100
M. St-Mich.	11.27	104
St-Malo	10.56	59
St-Brieuc	11.18	90
Paimpol	10.04	65
Morlaix	11.08	77
Brest	9.41	62
Lorient	9.31	41
Vannes	11.40	45
St-Nazaire	9.41	43
Sables-d'Ol.	9.41	12
La Rochelle	10.08	47

Tribunal correctionnel

AU COIN DE LA POSTE

Le 12 août dernier, vers 13 h. 30, M. Raymond Evo, âgé de 18 ans, domicilié à Vannes, chez sa tante, Mme Cadoret, descendait la bicyclette de la rue Thiers, se rendant à Conleau.

Il arrivait au coin de la ruelle principale de la Poste, il la rencontra un peu durement, cysta-qu'il tenait la gauche, avec Mlle Fontaine, qui se rendait poster une lettre.

Le choc fit tomber Mlle Fontaine qui, blessée au genou, fut pansée par M. Berthelemé et retourna à son domicile.

Ce n'est que le 18 octobre, deux mois après, que M. Fontaine porta plainte, parce que l'arrangement amiable qu'il avait avec M. Evo perdu n'avait pu ce finaliser.

Me Marchais défend le jeune prévenu qui est condamné à 16 fr. d'amende. Le père étant civilement responsable.

LA DÉFENSE PASSIVE

Neuf affaires, relatives aux dispositions réglementaires concernant la défense passive sont évoquées.

Elles concernent, des commerçants divers des rues du Boulzec, Mené, Jean-ne-d'Arc, place de la Libération, rue de la Poste de Verdun, etc... qui avaient insuffisamment occulté les devantures de leurs magasins, la police, les constatations de la police, la clarté de l'éclairage intérieur se projetait sur les trottoirs.

Les uns se présentent, les autres sont représentés par Me Violle.

Chacune des infractions est punie d'une même amende de 16 francs avec sursis.

Le Comité départemental
des Œuvres de guerre
s'est réuni

Le conseil d'administration du Comité s'est réuni à la Préfecture sous la présidence de Mme Eberlin, vice-présidente de l'Œuvre.

Étaient présents : Mme Delldic, vice-présidente; Mme Michelé, la Duchesse de Rohan, le Préfet du Morbihan, le colonel de Saint-Denis, commandant la subdivision de Boistière; le Vicaire général, représentant Mgr l'Évêque de Vannes; le commandant Menon, délégué des Anciens Combattants; MM. Le Roquis et Le Souflaché, conseiller général; le capitaine Cottard, délégué de la Chambre de Commerce du Morbihan, etc.

Assistaient également à la séance: Mmes Fiton, Le Roquis et Corcillon, secrétaire général, ainsi que M. Jean Fabert, chargé de mission au cabinet du préfet.

Étaient excusés : Mme Rio, qui souffrante, n'avait pu se déplacer et assurer elle-même la présidence de la réunion; Mme Gary, également grippée; Mme Le Proste, M. le Président de la Cour de Vannes; Mme Prolic, président du Conseil général, également souffrant.

Après avoir exprimé, au nom du Conseil d'administration, tous ses vœux de prompt rétablissement aux membres souffrants et absents et adressé des souhaits de bienvenue aux représentants de la Chambre de Commerce qui siègeait pour la première fois, Mme Eberlin a donné la parole à Mme Corcillon, secrétaire générale, pour la lecture du procès-verbal de la dernière séance.

Ce procès-verbal est adopté à l'unanimité.

Il est ensuite donné un compte rendu des travaux de la Commission d'achat par Mme Lellbo, vice-présidente, qui a exposé de la situation financière du Comité de laquelle il résulte que celui-ci pourra faire face à l'envoi de secours pour le mois de janvier sans emplover à la subvention votée par le Conseil général du Morbihan.

En l'absence d'un certain nombre de membres du Conseil d'administration, il a été décidé d'ajourner la décision à prendre au sujet des demandes de subvention dont le Comité a été saisi.

Compte rendu a été donné également du premier envoi, par les Comités successifs, des nombreux colis aux soldats et aux marins. Tous les envois ont été martelés. La dernière quinzaine de décembre et au début de janvier comportant les mêmes détails, de l'expédition pour fêter les cantons qui vont se réunir encore pour célébrer.

Suite d'une demande d'autonomie du canton du Port-Louis, Comité auquel préside M. Le Blanc, conseiller général, le Conseil d'administration à l'unanimité a dit d'ailleurs cette requête. Le nombre des cantons autonomes se trouve ainsi porté à trente-deux.

Le Conseil, après discussion, décide, compte le seule dernier, la répartition de la somme de 200.000 fr. pour l'envoi en janvier, de colis aux soldats et aux marins. Cette somme ne sera répartie entre les cantons, cette fois-ci encore, au prorata de la population.

Sur proposition qui lui est faite toujours à l'unanimité, le Conseil d'administration décide d'ouvrir, à la gare de Vannes, en collaboration avec la Municipalité, l'autorité militaire et la Croix-Rouge, une cantine réservée aux militaires en cours.

Le Préfet offre d'y affecter une baraque qui a été constituée pour l'accueil et le contrôle éventuellement inoccupés et utilisés, dans le jardin public municipal, à la disposition du colonel de Saint-Denis, commandant la subdivision. Cette personne appréciée sera choisie parmi les fonctionnaires de la cantine, sous le contrôle de dames bénévoles à désigner.

Tous les frais d'organisation et de fonctionnement seront couverts par le Comité des Œuvres de Guerre du Département et en partie par la Croix-Rouge de Vannes.

La cantine sera ouverte la nuit.

Conformément à un décret paru récemment à l'Officiel, le Comité départemental s'est affilié à l'Œuvre du Secours National. Ce décret dispose d'ailleurs à la République qu'une assemblée générale extraordinaire de statuts, et est décidé qu'une assemblée générale extraordinaire se tiendra le 22 février, à 14 h. 30, au siège de l'Association...

BOUGLÉ (Célestin)

M. CÉLESTIN BOUGLÉ

...directeur de l'Ecole Normale Supérieure, est mort hier.

M. BOUGLÉ EST MORT

C'est avec émotion que nous avons appris la mort de M. Célestin Bouglé.

Emotion qui sera partagée par tous ceux qui, à des titres divers, ont reçu l'enseignement ou imprégné leur pensée de l'œuvre du magnifique éducateur et de l'historien social dont la probité intellectuelle, la discipline de travail et la compréhension généreuse faisaient l'admiration de tous ceux qui l'approchaient.

Directeur de l'Ecole normale supérieure, professeur à la Sorbonne, commandeur de la Légion d'honneur, M. Célestin Bouglé était né à Saint-Brieuc en 1870. Entré à l'Ecole normale à vingt ans, il était licencié ès lettres en 1891 et, deux ans plus tard, premier agrégé de philosophie, et bénéficiait d'une bourse de voyage en Allemagne où il trouvait les éléments de son premier livre : *Les sciences sociales en Allemagne, les méthodes actuelles*. Professeur de philosophie à Saint-Brieuc, puis maître de conférences à la faculté des lettres de Montpellier, il fut reçu docteur en 1898 avec une thèse intitulée : *Les idées égalitaires, étude sociologique*. Il publia ensuite *La Démocratie devant la Science; Le Solidarisme; Qu'est-ce que la sociologie ?*

Chargé de cours à la Faculté de Toulouse, il fut appelé en 1901 à la Sorbonne. En 1920, il était nommé directeur du centre de documentation sociale à l'Ecole normale supérieure, dont il devait devenir directeur adjoint, puis directeur.

En 1921, il fit paraître *L'Educateur laïque*. Il faut citer encore de lui : *Sociologie de Proudhon; La doctrine de Saint-Simon; Chez les prophètes socialistes; Socialisme français; Bilan de la sociologie française contemporaine; Leçons de sociologie sur l'évolution des valeurs*. En collaboration avec M. Henry Moysset, il a établi le texte des œuvres complètes de Pierre-Joseph Proudhon, éditées chez Rivière, superbe et définitif monument élevé à la gloire du grand socialiste français, de l'auteur immortel de la *Capacité politique des classes ouvrières*.

Historien des différentes doctrines sociales, notamment de celles qui marquèrent l'époque de 1848 — saint-simonisme, fourriérisme — M. Célestin Bouglé aura été l'un des disciples les plus distingués d'Emile Durkheim. Comme son maître, il a traité la sociologie en science indépendante et lui a consacré une œuvre qui ne comporte pas moins d'une trentaine de volumes.

Mais c'est comme directeur de l'Ecole normale supérieure que M. C. Bouglé donna toute sa mesure de grand éducateur. Il aima passionnément cette glorieuse école et la jeunesse qui l'animait. Il se dévoua à ses élèves sans ménager ses forces. Il avait été à l'origine du mouvement qui aboutit à la fondation de la Société des amis de l'Ecole normale supérieure.

Orateur disert, voyageur infatigable, M. Célestin Bouglé avait parlé, ces dernières années, de l'action et du rayonnement de l'Ecole normale supérieure dans un grand nombre d'universités et de centres intellectuels étrangers et notamment, il y a deux ans, aux Etats-Unis. Sa mort sera douloureusement ressentie dans les milieux normaliens, en France comme à l'étranger.

Avec lui disparaît un des plus solides et des plus brillants esprits de cette génération qui fut celle de Lucien Herr et de Jean Jaurès.

G. J.

"Le Figaro"
29 Janvier 19

BOUGLÉ (Célestin)

Les obsèques de C. Bouglé

Les obsèques de Célestin Bouglé ont été célébrées hier matin, à l'École normale supérieure devant une nombreuse assistance où l'on remarquait toutes les notabilités du monde intellectuel présentes à Paris. Une chapelle ardente avait été dressée dans le grand vestibule de l'Ecole et le catafalque disparaissait sous les fleurs envoyées par ses amis et par ses admirateurs.

Des discours ont été prononcés par M. Bruhat au nom de l'École normale supérieure ; par M. Emile Borel au nom de l'Association amicale des anciens élèves ; par M. Delage au nom de la Société des amis de l'école : le Président de cette société, M. François-Poncet, retenu à Rome par les devoirs de sa charge, avait envoyé un émouvant témoignage dont lecture a été donnée. Puis M. Cuzin parla au nom des élèves de l'école ; M. Cavaillès au nom des anciens élèves de M. Bouglé ; M. Brunschvicg au nom de ses collègues ; M. Vendryes au nom de la Faculté des Lettres; M. Roussy au nom de l'Université de Paris, en même temps, M. Roussy a apporté l'hommage de M. Delbos, en mission à Londres.

"Le Populaire"
10 Janvier 1940

Le Temps, 26 janvier 1940

OUVELLES
es et enquêtes

Le Temps
5, rue des Italiens, Paris
ABONNEMENTS D'UN AN :
FRANCE ET COLONIES : 185 FR.
ÉTRANGER
PAYS A TARIFS POSTAUX RÉDUITS : 340 FR.
AUTRES PAYS : 500 FR.

Mort de M. C. Bouglé

Nous avons le regret d'apprendre la mort de M. C. Bouglé.

Directeur de l'École normale supérieure, professeur à la Sorbonne, commandeur de la Légion d'honneur, M. Célestin Bouglé était né à Saint-Brieuc en 1870. Entré à l'École normale à vingt ans, il était licencié ès lettres en 1891 et, deux ans plus tard, premier agrégé de philosophie, et bénéficiait d'une bourse de voyage en Allemagne où il trouvait les éléments de son premier livre : *les Sciences sociales en Allemagne, les méthodes actuelles*. Professeur de philosophie à Saint-Brieuc, puis maître de conférences à la faculté des lettres de Montpellier, il fut reçu docteur en 1898 avec une thèse intitulée : *les Idées égalitaires, étude sociologique*. Il publia ensuite *la Démocratie devant la science*; *le Solidarisme*; *Qu'est-ce que la sociologie ?*

Chargé de cours à la faculté de Toulouse, il fut appelé en 1901 à la Sorbonne. En 1920, il était nommé directeur du centre de documentation sociale à l'École normale supérieure, dont il devait devenir directeur adjoint, puis directeur. En 1921, il fit paraître *l'Éducateur laïque*. Il faut citer encore de lui : *Sociologie de Proudhon*; *la Doctrine de Saint-Simon*; *Chez les prophètes socialistes*; *Socialisme français*; *Bilan de la sociologie française contemporaine*; *Leçons de sociologie sur l'évolution des valeurs*. En collaboration avec M. Henry Moysset, il a établi le texte des œuvres complètes de Pierre-Joseph Proudhon.

Historien des différentes doctrines sociales, notamment de celles qui marquèrent l'époque de 1848, M. Célestin Bouglé aura été l'un des disciples les plus distingués de Durkheim. Comme son maître, il a traité la sociologie en science indépendante et lui a consacré une œuvre qui ne comporte pas moins d'une trentaine de volumes.

Mais c'est comme directeur de l'École normale supérieure que M. C. Bouglé donna toute sa mesure de grand éducateur. Il aima passionnément cette glorieuse école, et la jeunesse qui l'animait. Il se dévoua à ses élèves sans ménager ses forces. Il avait été à l'origine du mouvement qui aboutit à la fondation de la Société des amis de l'École normale supérieure, dont il fut longtemps le président, avant de céder ses fonctions à M. André François-Poncet, ambassadeur de France. A ce titre, et comme directeur, il fut le promoteur de nombreuses mesures, et d'initiatives hardies : subventions de toute nature aux œuvres sportives et artistiques des élèves; utilisation d'une maison de repos généreusement prêtée par un ami de Normale; bourses de voyage; prêts d'honneur; ouvrages de propagande et conférences sur l'École. Orateur brillant, infatigable voyageur, C. Bouglé avait parlé, ces dernières années, de l'action et du rayonnement de l'École normale supérieure dans un grand nombre d'universités et de centres intellectuels étrangers, et, notamment, il y a deux ans, aux Etats-Unis. Sa mort sera douloureusement ressentie dans les milieux normaliens, en France comme à l'étranger.

NOUVELLES DE LA BOURSE

25 janvier. — Marché hésitant, sans affaires.

VALEURS	DERNIER COURS	DIFFÉRENCE avec la veille
3 0/0	74 15	
4 0/0 1918	76 7	— 0 20
4 0/0 1925	183 70	+ 0 45
4 1/2 0/0 1932 (A)	83 50	+ 0 10
4 1/2 0/0 1937	210 90	— 0 60
Banque de France	7.900	— 10
Crédit foncier	2.675	— 25
Crédit lyonnais	1.629	— 7
Banque de Paris	942	— 10
Canal de Suez	16.910	— 165
Cie générale d'électricité	1 810	— 15
Lyonnaise des eaux	1.095	— 10
Forges du Nord et de l'Est	615	— 5
Denain et Anzin	1.253	+ 1
Kuhlmann		
Péchiney	781	— 8
Saint-Gobain	1.792	— 4
Lens	2.325	— 20
Central Mining	291	— 1
Geduld	2.860	— 40
Rio-Tinto	1.618	— 27
De Beers	2 815	— 36
Royal Dutch	6.535	— 45
Crown Mines	1.175	+ 9
Financ. Caoutchoucs	2.850	— 5
Union Minière Katanga	807	— 5
	5.460	— 30

A la présidence du conseil

M. Edouard Daladier, président du conseil, a conféré ce matin avec M. Queuille, ministre de l'agriculture.

Dépêches de la Chambre

Au groupe socialiste

Le groupe socialiste a longuement délibéré ce matin sur le projet portant suppression de la patente. De ce débat se dégage l'impression que le groupe se montrerait assez favorable à la réforme, sous réserve de quelques aménagements nouveaux tels que ceux qui ont été indiqués dans une note transmise à la commission des finances par M. Paul Reynaud qui, en outre, devait être entendu par celle-ci cet après-midi.

M. Léon Blum a écrit à M. Edouard Daladier, président du conseil, pour lui demander quand il lui serait possible de venir au Palais-Bourbon préciser la position du gouvernement à l'égard des deux interpellations déposées par le groupe socialiste, l'une visant le fonctionnement des services de l'information, de la propagande et de la censure, et l'autre concernant la situation matérielle de la troupe.

« La réponse de M. Daladier, lit-on dans le *Populaire* d'aujourd'hui, a été affirmative; rendez-vous est pris. C'est le vendredi 2 février que le président du conseil sera à la disposition de la Chambre pour fixer avec elle l'ordre des débats. »

En ce qui concerne la discussion de l'interpellation sur la situation matérielle de la troupe, le groupe socialiste, se rendant compte « qu'on ne peut sans de graves inconvénients laisser se dérouler sur la place publique un débat susceptible de s'étendre à certains problèmes militaires de premier plan », demandera à la Chambre de se constituer en comité secret.

OFFICIERS

En 3 jours, vous aurez l'uniforme qu'il vous faut, coupé par le tailleur le plus réputé de Paris. Prix spéciaux pour militaires.
Spécialiste anglais de la « culotte ».
CREED 7, rue Royale, PARIS. Anjou 25.56.

Le Temps
26 janvier 1940

ÉCHOS ET INFORMATIONS

Le 500ᵉ anniversaire d'Eton. — La guerre va naturellement réduire l'ampleur des fêtes préparées en Angleterre pour célébrer le 500ᵉ anniversaire de la fondation du Collège d'Eton. Toutefois la presse anglaise annonce que la commémoration aura lieu malgré les circonstances défavorables. Elle rappelle qu'Eton a été fondé en 1440 par le roi Henri VI. Etablissement d'un caractère religieux, Eton fut menacé à plusieurs reprises dans son existence. Il se maintint cependant et compta, au dix-huitième siècle surtout, des élèves qui devaient devenir illustres : Robert Walpole, Bolingbroke, Pitt, Fox, Canning, le futur duc de Wellington, etc. Le collège actuel a perdu tout caractère ecclésiastique et il est devenu, comme on le sait, l'établissement préféré de l'aristocratie anglaise et des grandes familles du parti conservateur.

Naissances

— Le lieutenant Paul Braunschvig, aux armées, et Mme, née Marie Singer, sont heureux d'annoncer la naissance de leur fille Fany. — Houlgate, 2 janvier.

Mariages

— Le mariage de Mlle Paule Courbe avec M. Gilbert Manuel, ancien élève de Polytechnique, lieutenant aux armées, a été célébré, en raison des circonstances, dans la plus stricte intimité.

Nécrologie

— Nous apprenons le décès de M. Maurice Tinardon, président du conseil d'administration de la Société des raffineries et sucreries Say, officier de la Légion d'honneur.
C'est une éminente personnalité de l'industrie française qui disparaît.
A sa sortie de l'Ecole polytechnique, il entra au corps des ponts et chaussées qu'il devait quitter bientôt pour consacrer son inlassable activité à l'industrie sucrière; pendant plus de quarante ans il en fut l'un des animateurs les plus autorisés.
La disparition prématurée de M. Maurice Tinardon laissera d'unanimes regrets.

— On annonce le décès de M. Edmond Hirtz, survenu le 22 du courant, 39, rue des Vinaigriers, dans sa quatre-vingt-unième année.
De la part de Mme Edmond Hirtz, M. et Mme Edmond Marx, M. et Mme Gabriel Bischko, M. et Mme Albert Becker et leur fille et des familles Samuel, Hirtz et Meyer.
Les obsèques ont eu lieu dans l'intimité au cimetière du Père-Lachaise.

— Mme Edouard Pichon, M. Etienne Pichon, le docteur Pierre Janet, membre de l'Institut, et Mme Pierre Janet ont le regret de faire part de la mort du docteur Edouard Pichon, médecin des hôpitaux de Paris, décédé le 20 janvier à Fontainebleau.

— Nous apprenons la mort de M. S. Aronstam, survenue chez ses enfants, à Millemont (Seine-et-Oise), le 14 janvier 1940. Les obsèques ont eu lieu dans la plus stricte intimité.
De la part de Mme S. Aronstam, sa veuve, des familles Jacques et Max Salzmann, ses enfants et petits-enfants.

— Nous apprenons la mort de *Mme Raymond Godfernaux*, décédée le 22 janvier en son domicile, 18, rue Eugène-Flachat.
Suivant la volonté expresse de la défunte, la cérémonie a eu lieu dans la plus stricte intimité.

— M. et Mme Camille Ravut, le capitaine et Mme René Monnot, M. et Mme Joseph Deschamp ont la douleur de faire part de la mort de *Mme Jean Sattin*, née Léontine Deschamp, survenue le 14 janvier à Saint-Genis-les-Ollières (Rhône).

LA VIE ÉCONOMIQUE

La coopération économique franco-britannique

A la suite de la visite à Londres de M. Gentin, ministre français du commerce, on publie à Londres le communiqué suivant :

Les discussions ont couvert tout le champ des relations commerciales des deux pays et de leurs rapports avec de tierces puissances.
Un accord complet a été réalisé en principe.
Des conversations sur certains problèmes traités dans les négociations seront reprises à brève échéance, après un nouvel examen de ces problèmes.

A la suite des pourparlers, on annonce au Board of Trade que des échanges de vues « techniques » vont commencer dès maintenant entre ce département et le ministre français du commerce.
On peut ajouter que l'objet des discussions passées et en cours est d'éliminer dans la plus large mesure possible les restrictions commerciales qui subsistent encore entre les deux pays.

ARMEE

Les concours d'admission à Polytechnique en 1940

Les centres d'examens écrits pour l'admission à l'Ecole polytechnique en 1940 auront lieu dans les villes suivantes pour les candidats ayant fait leurs études dans lesdites villes ou dans leurs environs immédiats : Alès, Alger, Alençon, Ambert, Aurillac, Bayonne, Bordeaux, Clermont-Ferrand, Coutances, Dax, la Flèche, la Souterraine, le Mans, Mauriac, Montpellier, Nantes, Nîmes, Orléans, Paris, Poitiers, Quimper, Rennes, Toulouse, Tours, Versailles, Villers-sur-Mer.

Les examens oraux auront lieu dans les centres suivants :
Paris, pour les candidats des centres écrits de : Orléans, Paris, Tours, Versailles, Villers-sur-Mer;
Rennes, pour les candidats des centres écrits de : Alençon, Coutances, la Flèche, le Mans, Nantes, Quimper, Rennes;
Bordeaux, pour les candidats des centres écrits de : Bayonne, Bordeaux, Dax, la Souterraine, Poitiers, Toulouse;
Montpellier, pour les candidats des centres écrits de : Alès, Alger, Montpellier, Nîmes;
Clermont-Ferrand, pour les candidats des centres écrits de : Ambert, Aurillac, Clermont-Ferrand, Mauriac.

Pour les étrangers anciens officiers

Le président du conseil rappelle que les étrangers appartenant ou ayant appartenu à une armée régulière étrangère (active ou réserve) peuvent être admis soit comme officiers soit comme sous-officiers, au titre étranger et dans les réserves, à la Légion étrangère (décret du 8 janvier 1940).
Les étrangers ayant servi dans l'armée française peuvent être admis comme officiers de réserve à titre étranger (décret du 30 août 1924) pour servir dans les unités d'étrangers.
Les étrangers ayant combattu comme officiers dans l'armée française ou dans les armées alliées peuvent être nommés sous-lieutenants de réserve s'ils sont naturalisés Français depuis un an au moins (lois des 8 janvier 1925 et 5 janvier 1926) et servir dans un corps français de leur arme.

COMMUNICATIONS DIVERSES

L'heure de fermeture des théâtres et cafés

Bouglé (Mr)

"L'Œuvre"
29 Janvier 1939

M. BOUGLÉ
commandeur de la Légion d'honneur

Œuvre 29/1/39

Les collaborateurs de M. Bouglé à l'Ecole normale supérieure lui ont offert, hier matin, sa cravate de commandeur de la Légion d'honneur.

Fol
LN1
232
(2897)

BOUGLÉ G.

A F
9 juillet 1927
Le Charivari

BOUGLÉ ? JAMAIS !

Ce n'est encore qu'un bruit, mais qui pourrait bien être, d'ici peu, confirmé.

M. Gustave Lanson, directeur de l'Ecole Normale Supérieure, en a assez de ses fonctions. L'honorable universitaire se sent vieux, songe aux joies d'une douce retraite et, surtout, se trouve mal à l'aise parmi des élèves qui n'ont avec lui aucune pensée commune. M. Lanson est jacobin : beaucoup de normaliens sont socialistes, sinon communistes, et la Patrie est leur moindre souci.

Lors de la fête annuelle de l'établissement, le directeur dut même intervenir pour exiger des modifications à telle scène de la « revue » tout à fait odieuse, et qui blasphémait les sentiments les plus naturels. On fit à peine quelques coupures et, depuis ce jour, la situation de M. Lanson est à peu près insupportable.

Aussi, a-t-il pressenti le ministre pour qu'il lui trouve un successeur. Or, savez-vous à qui M. Edouard Herriot réserve ce poste de haute culture et d'une si grande importance nationale ? A M. C. Bouglé, universitaire décrié, pion dans toute la force du terme, professeur sans talent, sociologue éculé, mais aussi antipatriote convaincu, bolchévisant notoire, collaborateur de toutes les feuilles extrémistes.

Nous avertissons charitablement M. Herriot que le Quartier Latin ne supportera ni l'injure, ni l'homme.

FOL
LN1
232
(2897)

Le Temps 30 janv 1940

OBSÈQUES DE M. C. BOUGLÉ
directeur de l'École normale

Les obsèques de M. Célestin Bouglé, directeur l'École normale supérieure, commandeur de la Légion d'honneur, ont été célébrées ce matin, à dix heures, au siège de l'École, rue d'Ulm. Le cercueil avait été exposé dans le grand vestibule d'honneur, entouré de couronnes envoyées par l'administration et le personnel de l'École, l'université de Paris, le Groupement d'études et d'information, la Société Lamennais, le Collège de Budapest, etc...

Les décorations du défunt figuraient sur un coussin au pied du catafalque.

Mme C. Bouglé, veuve du directeur défunt, représentait le deuil, entourée de ses enfants : M. et Mme Passet, M. et Mme Barabé, Mlles Simone et Jeanne Bouglé.

Une délégation de la faculté des lettres, en toge, avait pris place au centre du vestibule, ayant à sa tête le professeur Roussy, recteur de l'académie de Paris, et M. Vendryès, doyen de la Faculté.

Aux premiers rangs de l'assistance, remarqué également : MM. Campinchi, ministre de la marine; Steeg, ancien président du conseil; Louis Rollin, ancien ministre; un représentant de M. Marc Rucart, ministre de la santé publique; MM. Villey, préfet de la Seine; Paul Bouju, ancien préfet; Robert Bos, président du conseil général; S. Charléty, Marcel Abraham, G. Blondel, Edmond Delage et nombre d'universitaires; une députation de l'École normale supérieure de Fontenay-aux-Roses, etc., etc.

Prenant le premier la parole, M. Bruhat, directeur adjoint de l'École normale supérieure, a retracé la carrière de M. Bouglé.

Pour tous ceux qui travaillaient à ses côtés, a-t-il dit, il était en effet à la fois le guide qui conduit d'une main ferme et l'ami qui soutient et réconforte. Il s'occupait sans cesse et par tous les moyens de tout ce qui pouvait améliorer la situation matérielle des élèves...

...Mais surtout il aimait les élèves de tout son cœur; il aimait à suivre et à guider leur développement intellectuel et moral. Son foyer était toujours largement ouvert à tous, maîtres et élèves, aussi bien à l'École normale que dans cette maison du Val-André qu'il aimait tant. Mme Bouglé le secondait avec un dévouement et une bonne grâce inlassables...

...Et pourtant ce sentiment patriarcal que l'on sentait si bien chez lui, s'alliait au plus profond libéralisme. Il n'imposait jamais la contrainte d'une orthodoxie officielle, il respectait les tendances dissemblables, il soutenait d'une égale amitié les partisans des idées les plus contradictoires, n'exigeant d'eux qu'une chose, une parfaite franchise et une absolue bonne foi.

M. Borel, membre de l'Institut, a prononcé ensuite une allocution au nom de l'Association amicale des anciens élèves de l'École.

Puis M. Delage, second vice-président de la Société des amis de l'École, a pris la parole.

Pendant huit années, a-t-il dit notamment, tant qu'il n'eut pas pris la direction de cette école, Célestin Bouglé entreprit et réussit la tâche, qu'on put croire paradoxale, de grouper un millier de normaliens, par préférence secrets, si individualistes.

C'est à lui que la société doit toutes les institutions et coutumes qui font sa raison d'être.

Il pensa tout d'abord, bien avant d'être leur directeur, aux élèves de l'école. Il voulut les rendre encore plus heureux que n'avaient été leurs anciens. Sportif, il rêva pour eux de beaux courts de tennis, il subventionna leurs équipes de football, de natation, de course, leurs ensembles musicaux. Il contribua à faire d'eux de jeunes hommes gais, heureux, ouverts à toutes les curiosités et beautés de la vie moderne.

Lui qui ne concevait pas l'existence sans le mouvement ni le voyage, il trouva, par d'ingénieuses démarches, infatigablement renouvelées, le moyen de donner à presque tous les éléments de l'école la possibilité de parcourir les pays les plus étranges et les plus lointains. Il prit souvent la tête de leurs caravanes.

MER

« **Asama-Maru** »

Londres, 29 janvier.

...atique du *Times* annonce ...réponse à la protestation ...ncident de l'*Asama-Maru*, ...nique désire savoir le ré... ...s engagées à ce sujet à...

...nquilles à Tokio et à ...t certainement les meil- ...enir à un accord, car au ...t et Japonais discutaient ...vue tout à fait différents. ...surtout de prestige na- ...es droits que leur confé- ...e. »

...t que l'*Asama-Maru* a été ...res seulement de Tokio. ...navire de guerre britan- ...er son action car il aurait ...er les passagers allemands ...nais; il résume ensuite ...e : c'est un ancien usage ...urer des ennemis à bord

d'une mine

Londres, 29 janvier.

...matin sur la plage d'une ...est, causant une brèche ...ment construite. Par suite ...entaines de vitres ont été

...aperçut une autre mine ...côte.

...oupes allemandes ...orientale

Berne, 29 janvier.

...de troupes allemandes ...n communiqué du haut ...L'agence Tass dément ...présence de ces troupes. ...ucarest de la *National* ...as moins en mesure de ...qualifie de très sûres à ...troupes allemandes en

...e tels mouvements ont ...e la Galicie, depuis en- ...agit de trois éléments

...es de Galicie, des ca- ...de soldats et de fonc- ...uniforme, ayant pour ...ansport des Allemands ...t au Reich.

...s Allemands occupent ...emin de fer qui, par- ...les territoires occupés ...dre l'Allemagne. Il ne ...ale, passant par Lwow, ...passant plus au sud et ...e sur Drohobicz, à la ...allemande. Cette occu- ...convention germano- ...sit entre la Roumanie

...pris une importance ...be est gelé et que les ...sont surchargés, pour ...ses.

...narchandises était in- ...récemment, les mar- ...umanie en Allemagne

Devenu président d'honneur, quand il fut nommé à la direction de l'école, il conserva, en fait, la conduite effective de la société. Les deux fonctions paraissaient naturellement inséparables, et comme créées pour lui.

M. Cuzin, cacique général des élèves de l'Ecole, a prononcé ensuite une allocution. Puis M. Cavaillès, maître de conférences à la faculté des lettres de Strasbourg, a pris la parole au nom de ceux qui furent les élèves de M. Bouglé.

M. Brunschvicg, membre de l'Institut, a prononcé ensuite un discours dont nous détachons le passage suivant :

Puisque je parle ici au nom de nos collègues philosophes, j'insisterai sur le substantiel volume que Bouglé publia en 1922, résumé des leçons de sociologie, professées en Sorbonne, sur *l'Evolution des valeurs*. Il le destine expressément à vérifier que le matérialisme ou même le scientisme ne sont nullement le dernier mot de la sociologie; bien plutôt, nous fournit-elle de nouvelles raisons de respecter les diverses formes de l'idéal que les sociétés ont pour principal office de faire vivre.

Dans le chapitre central, intitulé « Valeurs religieuses et valeurs morales », il va droit à la question décisive dont le vingtième siècle a hérité, au conflit qui, en apparence du moins, sépare croyances religieuses et droit laïque. « Allons-nous donc conclure (demandera Bouglé en propres termes) que la moralité a deux sources et que tout le problème est de discerner leurs rapports ? »

Il répond : « A nous en tenir à cette conclusion, nous risquerions de laisser perdre le plus clair bénéfice des nouvelles théories sociologiques. Elles tendent à réconcilier bien plutôt qu'à opposer libres penseurs et croyants, en leur prouvant qu'ils sont les uns comme les autres, soutenus et contenus par une même autorité qui est celle de la conscience collective. »

M. Vendryès, membre de l'Institut, doyen de la faculté des lettres de Paris, a pris ensuite la parole, au nom de la faculté.

Puis M. Roussy, recteur, a prononcé un discours au nom du ministre de l'éducation nationale, — actuellement à Londres — et au nom de l'université de Paris.

Depuis de longs mois, a-t-il dit, depuis de longues semaines, nous le savions gravement atteint et nous suivions, avec angoisse, la marche d'une maladie que les soins éclairés d'un médecin et la sollicitude affectueuse des siens ne purent conjurer. Cette épreuve, Bouglé la supporta en homme. Et je ne pense pas qu'il ait jamais révélé, à ses amis, les secrets de son cœur.

Bouglé était un universitaire, au sens le plus complet du terme. Les questions d'enseignement et celles de la recherche l'intéressaient au plus haut point. Aussi bien avait-il toutes les qualités pour occuper la place de choix à laquelle l'avait appelé, à la tête de cette vénérable maison, la confiance de ses pairs.

...Tous ceux qui l'ont connu savent quelle attention il porta au problème social. Ils savent avec quel courage il affrontait les plus sévères réalités et comment il aborda l'étude de la « démocratie devant la science ». Nous nous souviendrons seulement que c'était une des grâces les plus certainement dévolues à Bouglé que cette aptitude à tenir toujours ses armes prêtes pour la bataille des idées les plus généreuses. Il savait agir autant qu'il aimait à rêver. Et nulle audace ne l'effrayait pourvu qu'elle orientât des idées et des sentiments fondés en raison. Car pour lui, « la raison tend à assimiler les choses entre elles pour pouvoir assimiler les esprits entre eux ».

Libéral, il le fut avec ferveur, avec emportement, comme il convient qu'on le soit en Sorbonne. Mais son amour pour la liberté, pour toutes les libertés, se confondaient, à la fois, son attirance vers la jeunesse, son désir de la guider, de la conseiller, de la diriger.

C'est qu'en effet, les idées lui importaient moins que les méthodes, les doctrines moins que les modalités de l'action.

« L'important, dans une République qui entend laisser sa porte ouverte aux possibilités de transformation sociale — écrivait-il — c'est moins la doctrine que la méthode. Et si les jeunes esprits sortent du lycée préparés à penser par eux-mêmes, que demander de plus ? Des régimes totalitaires pourraient s'en effrayer. Un régime libéral doit s'en réjouir. » Républicain, il resta toute sa vie fidèle aux idées de sa jeunesse.

M. Roussy a terminé par ces mots :

Il nous laisse — suivant l'expression d'un contemporain — « l'exemple d'une vie remplie par la volonté de servir et guidée par le devoir de mettre en commun ce que nous avons de meilleur en nous-mêmes. »

Un télégramme de M. François Poncet à Mme Bouglé

M. François-Poncet, ambassadeur de France à Rome, président de la société des Amis de l'Ecole normale supérieure, a adressé à Mme Bouglé le télégramme suivant :

Rome, 25 janvier.

M'associe du fond du cœur à votre chagrin et vous adresse ainsi qu'à tous les vôtres condoléances émues. Ne suis malheureusement pas en mesure dans circonstances présentes quitter Rome pour aller rendre dernier hommage au fidèle et cher compagnon que vois partir avec profonde douleur. Amis de l'Ecole perdent en lui le premier, le meilleur de leurs amis. Ils n'oublieront pas le dévouement sans égal, la bonté ingénieuse, l'ardeur infatigable qu'il a consacrés au service de la vieille maison. Sa mémoire restera entourée de leur reconnaissance, de leur respect affectueux et ils s'essaieront de ne pas laisser s'éteindre la flamme généreuse dont il était animé.

FRANÇOIS-PONCET.

V. — Histoire des Idées.

« *L'ÉVOLUTION DES VALEURS* ». — Le livre que M. C. Bouglé a publié sous ce titre (1) vient à son heure. La sociologie, science jeune encore sans doute, semble pourtant sortie de la période des discussions théoriques; elle ne se borne plus à établir ses conditiont de légitimité ou ses méthodes ; elle s'est mise à la besogne et a fait ses preuves, surtout chez nous. Depuis qu'un maître ardent et probe, Émile Durkheim, a su grouper toute une équipe de travailleurs remplis de sa pensée et enflammés de sa foi novatrice, elle a pénétré à peu près dans tous les domaines de la philosophie pratique et introduit dans les plus vieux problèmes un esprit nouveau. Le moment était donc venu de dresser le bilan de ses entreprises et de ses conquêtes ; d'esquisser le tableau synthétique de l'état où elle laisse, après trente ans d'efforts, les diverses sciences de l'homme : économique et science des religions, technologie et histoire des sciences ou des arts. — Or nul n'était plus à même de tracer un tel tableau que M. Bouglé : non pas seulement parce qu'il a pris personnellement une part importante dans l'œuvre de la sociologie française contemporaine, et qu'il en connaît plus profondément et comme plus familièrement que personne les productions diverses, mais encore parce qu'il était comme prédestiné à cette œuvre de mise au point, de discernement critique et en même temps de coordination, par toutes les brillantes qualités de son esprit alerte et vivant, compréhensif et décidé ; par son sens aigu du concret et son goût exclusif pour ce qui, dans les doctrines, est capable d'efficacité et d'action pratique. Ajoutez que, si convaincu qu'il soit de la légitimité et de la richesse des théories de nos sociologues, M. Bouglé conserve pourtant parmi eux une place un peu à part ; admirateur et collaborateur de Durkheim, mais non proprement son disciple, il garde, en face des doctrines qu'il étudie, toute sa liberté d'appréciation et toute sa clairvoyance ; en même temps que l'étendue de l'œuvre accomplie, il en sait voir les limites.

Que faut-il entendre par cette expression de *valeur* et de *jugements de valeur*, qui est devenue courante chez les philosophes

(1) Un volume in-16, Armand Colin, 1922.

contemporains, et que Nietzsche d'ailleurs a popularisée hors du cercle restreint des spécialistes ? C'est ce que M. Bouglé se demande d'abord. A une valeur toute chose qui nous paraît digne d'être recherchée et préférée, tout ce qui pour nous a du prix ; il y a ainsi des valeurs de l'ordre économique, — les richesses de toute espèce, — mais il y a aussi des valeurs de l'ordre idéal : le courage, la sainteté, l'art, la science ont de la valeur. Sans doute, par opposition au monde des réalités tangibles et matérielles, le monde des valeurs apparaît dès comme lors relatif aux sentiments humains ; mais il ne s'ensuit pas qu'il dépende des fantaisies individuelles : les valeurs sont à leur façon des réalités, elles ont une objectivité véritable, parce qu'elles s'imposent à l'individu et en un sens se distinguent de sa jouissance propre : « Dans la jouissance, le sujet et l'objet se confondent et la valeur est comme absorbée. Elle reparaît, elle se dresse devant nous, dès que se fait sentir la difficulté d'acquérir, la crainte de perdre, la nécessité de lutter pour conserver (p. 22). » La valeur marchande d'un objet est quelque chose de donné pour chacun, qu'il ne peut méconnaître ou transformer selon son goût particulier ; et de même la valeur de la probité ou du courage, la valeur de tel chef-d'œuvre ou de telle découverte scientifique. C'est que les jugements de valeur traduisent des aspirations sociales, qui dépassent et dominent l'individu ; ils affirment des « possibilités permanentes de satisfaction », comme les objets matériels des possibilités permanentes de perception ; c'est de la vie sociale qu'ils tirent leur caractère impératif. Et par là, en tant qu'elle impose à l'individu des préférences qui vont souvent au rebours des instincts de la vie animale, Durkheim peut bien dire que la société est créatrice d'idéal.

Mais ces valeurs et les jugements par lesquels elles s'expriment varient avec l'état social et servent en même temps à le caractériser et à le fortifier : « Les hommes ne sont intimement associés que s'ils ont un certain nombre de choses à respecter en commun... L'entretien d'un feu sacré est pour toute société une nécessité vitale... C'est surtout par la transmission des valeurs que les sociétés se perpétuent (p. 40, 48). » Or, il semble manifeste que, des sociétés sauvages aux sociétés civilisées modernes, il se produit une différenciation croissante des valeurs. Pour le primitif, tout participe à tout ; mais le civilisé sait ne pas mêler les genres ; il sait se placer à des points de vue divers : « Le dicton *les affaires sont les affaires* et le programme de *l'art pour l'art*, quelque distance qui les séparè, expriment l'un comme l'autre le besoin qu'il éprouve de distinguer les espèces de valeur (p. 62). »

N'en résultera-t-il pas une sorte de « compartimentage » dans la société, chaque valeur ayant ses tenants exclusifs, épris uniquement les uns de richesse, les autres d'art ou de science, et indifférents aux valeurs d'une autre espèce que celle qu'ils servent ? — En fait, il n'en est pas ainsi, grâce à un phénomène inverse du précédent que M. Bouglé a contribué plus qu'aucun autre à mettre en lumière et pour lequel il propose un nom spécial : le *polytélisme*. Une même valeur peut être poursuivie en vue de fins très différentes, et, but dernier pour les uns, elle est encore recherchée comme moyen par les autres ; en même temps qu'une différenciation, il y a une conjonction des valeurs. Ainsi, moyen pour l'homme ordinaire ou le praticien, la connaissance des lois de la nature devient fin en soi pour le savant ; fin en soi pour l'homme d'affaires, la richesse reste désirée comme moyen par chacun de nous, quelle que soit la fin qu'il se propose ; fin en soi pour le moraliste à la façon de Kant, la vertu apparaît comme « une assurance de salut personnel » ou collectif aux yeux de tous. De même que toute grande usine a aujourd'hui ses sous-produits, qu'on se garde bien de dédaigner, de même toute activité en vue d'une fin, tout jugement de valeur entraînent des effets secondaires socialement précieux : plusieurs tendances à la fois en tireront satisfaction. « Le vêtement est à plusieurs fins : se réchauffer, se cacher, se parer, se distinguer. La religion et l'hygiène, la vie familiale et la vie civique trouvent leur compte au repos hebdomadaire (p. 92). » Et nul doute que « ces coïncidences d'influences » n'aient une grande importance sociale et qu'elles n'aident « les groupements à résister aux forces de dispersion ». — Il résulte de ces considérations une conséquence méthodologique notable : s'il est vrai, comme les sociologues y ont tant insisté, que les consciences sont souvent les servantes aveugles de fins qui les dépassent ; si, souvent, en matière sociale, « le moteur est dans le sous-sol », il n'en faudrait pas conclure qu'il n'y ait pas à tenir compte des idées que les hommes se font des valeurs qu'ils servent : « Apparences si l'on veut, les raisons que l'homme se donne pour justifier sa conduite ne sont pas elles-mêmes sans raison ; elles constituent sans doute des apparences utiles (p. 79). »

Ces principes posés, M. Bouglé s'attache à démêler l'état présent des problèmes relatifs aux diverses catégories de valeurs. — Le problème des valeurs économiques lui-même apparaît comme modifié jusque dans ses données par la science sociale, s'il est impossible désormais de considérer encore l'économie politique comme une science tout abstraite, à allure quasi mathématique, indépendante des contingences sociales. En un sens, les prix aussi sont des valeurs d'opinion et dépendent des représentations collectives des groupes ; d'une part, en effet, ils supposent toujours un système juridique donné : sans quoi de l'axiome du plus grand profit avec le minimum d'effort se déduirait irréfutablement, comme le voulait un humoriste, que l'acte économique par excellence c'est le vol ; et, d'autre part, l'idéal d'une nation ou d'une classe s'incorpore toujours plus ou moins dans la conception même qu'elle se fait de l'intérêt économique : témoin la théorie des niveaux de vie et la relativité des notions du luxe et du nécessaire ; ou encore l'effort incessant des inférieurs pour diminuer les distances sociales et celui des supérieurs pour les maintenir : toutes considérations qui sont, incontestablement, affaires d'opinion. Ainsi, le pur matérialisme économique échoue, et la sociologie pénètre l'économie politique.

A l'autre pôle de la pensée morale, les valeurs religieuses sont apparues, elles aussi, comme dominant et expliquant toute la vie pratique de l'homme, au moins aux origines, et la thèse peut sembler singulièrement fortifiée par les travaux de Durkheim ; en même temps, il est vrai, par l'utilisation des religions primitives et du totémisme, la notion même de religion en ressort élargie et transformée. Pour Durkheim, et les notions morales et les catégories scientifiques elles-mêmes sont nées des croyances religieuses primitives, croyances qui expriment surtout au fond la conscience que prend la société de sa puissance à exalter ses membres au-dessus d'eux-mêmes et à créer l'idéal. Mais, ici encore, si M. Bouglé montre, en étudiant les relations des valeurs religieuses et des valeurs morales, des valeurs religieuses et de la science, combien la sociologie a renouvelé et élargi les problèmes, il n'abdique pas devant elle la clairvoyance de sa critique : il maintient qu'il y a des instincts moraux et des consignes morales qui ne se rattachent pas aux croyances religieuses, et que le nombre et l'importance s'en accroissent avec la civilisation. Et, de même, il reconnaît que, dans l'exercice de la pensée, dans la notion de vérité, il se découvre quelque chose qu'on ne saurait réduire à une représentation religieuse ou sociale : « La volonté d'harmonie peut être satisfaite de plus d'une façon : par diverses formes de contraintes, par toutes sortes de prestiges, par les vertus exaltantes de l'enthousiasme. Mais la science veut faire communier les hommes par les intelligences mises en présence de vérités démontrées. Et c'est seulement alors que la volonté d'harmonie s'appelle raison » (p. 190). — D'autre part, quelle que soit l'influence de l'industrie sur la science, soit à ses origines, soit dans ses progrès, l'histoire met en pleine lumière aussi « l'effort pour découvrir des vérités centrales autour desquelles le reste se coordonne, le souci de la théorie », c'est-à-dire encore l'effort désintéressé de la raison.

Mais, si la science apparaît à M. Bouglé comme ayant acquis son indépendance à la fois à l'égard de la religion et des techniques, c'est de la tutelle de la science autant que de la religion que la morale à son tour lui semble capable de se libérer. Et de même, se séparant graduellement de l'industrie et de la religion, les valeurs esthétiques ont conquis peu à peu leur autonomie : les derniers chapitres de l'ouvrage sont consacrés à l'établir.

On le voit, c'est bien l'horizon entier de la philosophie pratique que ce petit livre nous fait parcourir, avec des raccourcis si nets et si frappants, d'un style si alerte, et tant de lucidité et d'aisance de pensée que le lecteur ne risque qu'une chose, qui est d'en méconnaître la richesse et la force. Une seule lacune, volontaire sans doute, nous y étonne un peu : l'auteur écarte tout à fait l'étude des phénomènes juridiques et politiques ; il consacre pourtant son dernier chapitre au sentiment national et à l'enseignement moral. — Et peut-être aussi, en fermant cet ouvrage si séduisant et si suggestif, éprouve-t-on un regret : la réserve de M. Bouglé n'a-t-elle pas été excessive, qui lui a fait négliger de ramasser, en une conclusion d'ensemble, les résultats de son enquête de reprendre ces lois de la différenciation et de la conjonction des valeurs qu'il a formulées chemin faisant, et qui constituent sans doute son apport personnel le plus important à la sociologie? Et ne valait-il pas la peine aussi de marquer en finissant les bornes, après en avoir montré la fécondité, de l'explication sociologique? Car une même question se pose au terme de ces divers chapitres : s'il y a une réaction nécessaire de la pensée individuelle à l'égard des conceptions pratiques que la société lui impose ou lui propose, par là l'ancienne philosophie de la pratique, la morale proprement dite, ne renaît-elle pas, malgré tout, de ses cendres? Ne retrouve-t-elle pas là, avec son objet propre, sa légitimité? A propos de chacune de ces représentations collectives, peut-elle se dispenser d'examiner son droit à diriger la conduite, et ne pas essayer d'établir entre elles une hiérarchie raisonnée? En d'autres termes, ne lui faut-il pas, sous peine d'abdiquer, se demander quelle est la valeur des valeurs mêmes?

D. PARODI,
Inspecteur général de l'Instruction publique. 

VI. — Les Sciences et l'Industrie.

ARTS ET MÉTIERS

L'ÉCOLE DU LIVRE. — Aux expositions du Livre qui sont actuellement ouvertes à Copenhague et à Florence, la Librairie et l'Imprimerie françaises obtiennent un succès très remarqué, malgré la rareté croissante de la bonne main-d'œuvre et les difficultés résultant de la crise de l'apprentissage.

Pour que l'éclat et la prospérité des industries françaises du Livre continuent, il est indispensable de former de jeunes artistes ayant, comme leurs aînés, du savoir et du goût. C'est à cette condition-là seulement que peuvent être exécutés de beaux travaux faisant honneur à notre pays.

Depuis un demi-siècle et davantage, l'art du livre s'est orienté du côté de la production intensive et à bon marché. Mais, comme dans les autres industries d'art, ce progrès matériel dans la fabrication s'est exercé aux dépens du mérite de l'exécution et de la qualité de la main-d'œuvre.

Jadis, il ne fallait pas être grand clerc pour se tirer d'affaire

"Pages libres"

n° 353. — 5 Octobre 1907

Administration et Rédaction : Charles Guieysse, Maurice Kahn, Georges Moreau
17, rue Séguier, Paris (VIᵉ)

REVUES ET GROUPES D'AUJOURD'HUI

« L'année sociologique » [1]

L'article de C. Bouglé que nous publions aujourd'hui sera, nous l'espérons, suivi de plusieurs autres, consacrés à étudier, à travers les revues et dans les groupes où ils se manifestent, les mouvements d'idées philosophiques, politiques, religieux, littéraires du temps présent. Nous avons déjà reçu quelques-uns de ces articles ; d'autres nous sont promis, dont les manuscrits doivent nous parvenir incessamment ; nous étudierons ainsi : les revues philosophiques ; les revues protestantes et les journaux hebdomadaires protestants ; les revues catholiques ; l'Action française ; l'Occident ; les revues syndicalistes ; les revues pacifistes ; le Courrier européen ; les revues symbolistes ; la Revue des Idées ; les Cahiers de la quinzaine ; l'Union pour la vérité, etc., etc.

Comme on peut le voir par cette énumération, il ne s'agira ici que des revues d'idées, de celles qui, ayant un programme déterminé, s'adressant à un public limité, constituant un groupe vivant d'une vie homogène, représentent dans le mouvement des idées certaines tendances, exercent sur leurs contemporains une influence spéciale. Outre l'intérêt d'un répertoire bibliographique exact, et sinon absolument complet, du moins sincèrement impartial et résolument objectif, peut-être, en raison du rôle prépondérant joué à notre époque par les revues dans la propagation et la défense des idées, dans la constitution des groupements, dans l'élaboration des programmes, — peut-être n'est-il ni téméraire ni vain d'espérer que le travail d'information que nous nous proposons de poursuivre aboutira à dresser en quelque sorte un inventaire sommaire des principaux courants intellectuels qui se disputent la domination des esprits. — M. K.

M. C. Bouglé, professeur à la Faculté des Lettres de l'Université de Toulouse — de qui nous avons publié plusieurs études sur des questions de politique sco-

[1] Alcan, édit. ; in-8° : 10 volumes parus. Les cinq premières années, chaque volume, 10 fr. ; les cinq suivantes, chaque volume : 12 fr. 50.

*laire ou d'éducation sociale, — a répondu par la lettre suivante à la demande que nous lui adressions de bien vouloir se charger de présenter à nos lecteurs l'*Année sociologique, *dont il fut un des premiers et est resté l'un des plus dévoués collaborateurs :*

Vous me demandez quelques détails sur l'*Année sociologique*. Si je vous comprends bien, vous désirez que je vous renseigne non seulement sur les idées qu'elle sert, mais sur les hommes qu'elle groupe, et sur l'espèce d' « Amitié », — comme eût dit Michelet, — qu'elle a formée. Savez-vous que vous m'assignez là une mission singulièrement délicate ? Je connais de si près, en effet, la plupart des collaborateurs de l'*Année*, que je vais me sentir très gêné sans doute — gêné pour critiquer, plus gêné encore pour louer comme il conviendrait...

Mais d'un autre côté, qui pourrait parler un peu savamment de notre intérieur, sinon l'un de ceux qui sont dedans ? Allons-y donc, et notons quelques souvenirs personnels, ou plutôt collectifs, en attendant des juges plus libres.

***

Et d'abord, qui le premier conçut l'idée de notre commune entreprise ? Nous n'en savons trop rien. Et il nous plaît de ne pas le savoir. Il nous plaît de penser que l'idée de l'*Année sociologique*, en bon phénomène social, était dans l'air, et qu'elle descendit au même moment — aux environs de 1895 — en plusieurs cerveaux. Je me rappelle vaguement une conversation avec Lapie (1). Je revenais de Berlin et il partait pour Tunis. Nous sentions déjà vivement la nécessité de « faire quelque chose », en France, — quelque chose qui permît à ceux qui prenaient la sociologie au sérieux de se grouper, de se reconnaître, de se distinguer. Je dis bien : de se distinguer ; car, dès cette époque, la malheureuse « sociologie » commençait à se galvauder : son pavillon couvrait les marchandises les plus avariées, les viandes les plus creuses... Il est très probable que cette même nécessité d'agir et de réagir apparaissait alors à plus d'un esprit. Il est sûr en tous cas qu'elle fut pleinement comprise à Bordeaux. C'était là que se préparait, dans le silence, le nid de l'*Année*.

La Faculté des Lettres de Bordeaux, par une chance rare, possédait un commencement de tradition sociologique. Espinas (2) y enseignait depuis longtemps. Sa thèse sur les *Sociétés animales* est une des œuvres qu'a inspirées, après 1870, le désir du relèvement et de la réorganisation. Son enseignement devait habituer les esprits au sentiment que les sociétés aussi sont choses naturelles. Durkheim (3) à son tour fut nommé à Bordeaux. Et il put joindre, à son cours de pédagogie, un cours de science sociale. Un

---

(1) Maintenant professeur de philosophie à la Faculté des Lettres de Bordeaux.
(2) Maintenant professeur d'histoire des Doctrines économiques à la Sorbonne.
(3) Maintenant professeur de science de l'éducation à la Sorbonne.

de ses élèves, Delprat (1), a retracé avec amour l'impression que laissaient ces leçons : aussi objectives, aussi scientifiques, aussi peu littéraires que possible. Mais sous cette objectivité on sentait courir la flamme. Une foi ardente animait cette méthode scientifique.

Les normaliens de mon temps purent prendre une idée du genre de Durkheim. La soutenance de sa thèse fut un beau spectacle. Quelle impérieuse véhémence chez l'impétrant ! Quelle belle « mobilisation des forces défensives » (comme disait ce bon M. Waddington, membre du jury, qui en sentit les effets) ! Au fur et à mesure que l'orateur parlait, la classique sellette avait l'air de monter, de grandir, de se transformer en chaire d'église. Et l'assemblée, avec un étonnement qui devenait du respect, écoutait cet homme qui avait l'air de vouloir quelque chose et même de savoir ce qu'il voulait.

La *Division du Travail social* fut assez discutée, par les lecteurs de vingt à vingt-cinq ans — l'âge où l'on lit encore en essayant de comprendre. En ce temps-là on raconte que beaucoup de jeunes gens cherchaient en gémissant un idéal. Henry Bérenger l'assurait, du moins, qui quêtait la bonne parole, au nom des étudiants, auprès de tous les pontifes du jour. « Il faut croire », répétait-on. Et Jules Lemaître, alors, de railler, et Aulard, déjà, de gronder. Tombant dans la mare aux inquiétudes morales, la masse carrée de la *Division du Travail* produisit d'abord un effet de surprise. « L'origine de votre malaise, semblait dire l'auteur, est ailleurs qu'au fond de vos âmes. Elles ne retrouveront l'équilibre que si s'établissent entre elles de nouveaux rapports de position. Favorisez les effets normaux de la spécialisation. Égalisez entre individus les conditions de la concurrence. Rebâtissons à frais nouveaux les groupements professionnels. Le salut est hors de vous, et il est à ce prix. » Méthode et solutions interloquaient beaucoup de jeunes penseurs. Je me rappelle à ce propos la tête de Vaugeois (2). Oui, de Vaugeois lui-même, que je connaissais pour l'avoir vu faire son stage dans la « cagne » d'Henri IV, où je préparais l'École aux côtés d'André Beaunier (3) ; Vaugeois, qui défendait alors, si j'ai bonne mémoire, un vague individualisme à base d'esthétique, promenait son indignation dans les couloirs de la Sorbonne, en dénonçant dans la thèse de Durkheim des formules comme celle-ci : « Il faut apprendre à l'homme à jouer son rôle d'organe »...

Mais pendant qu'on discutait à Paris, on travaillait à Bordeaux. Durkheim y formait son équipe. Il y avait retenu près de lui son neveu Marcel Mauss (4), pour l'initier aux bonnes méthodes et sans doute aussi pour le soustraire aux fâcheuses influences, trop « littéraires », de l'École normale. C'était ce même Mauss qui devait, dit la légende, étonner le jury

---

(1) Professeur de philosophie au lycée de Tarbes.
(2) Rédacteur à l'*Action Française* : on se rappelle qu'il donna sa démission de l'Université par dégoût, disait-il, de la République.
(3) Le type du normalien qui « tourne mal » ; rédacteur au *Figaro*.
(4) Maintenant professeur à l'École des Hautes-Études (sciences religieuses).

d'agrégation de philosophie en faisant tranquillement intervenir *tabous* et *totems* (1) dans je ne sais plus quelle leçon de métaphysique. Fauconnet (2) le suivait de près, qui devait collaborer avec lui, dans la grande Encyclopédie, à la rédaction du manifeste de l'école de Bordeaux inséré sous la rubrique : Sociologie. Aubin, aujourd'hui inspecteur d'académie, fit son apprentissage au même atelier. — On prenait là, entre autres habitudes, celle du travail coordonné. On collaborait par exemple aux recherches statistiques nécessaires à Durkheim pour son nouvel ouvrage sur *Le Suicide*. Sans ce petit groupe, entraîné à seconder un maître, jamais le travail de recensement et de classification critique nécessaire à l'*Année sociologique* n'aurait pu s'organiser.

C'est autour de ce noyau que s'agglutinèrent un certain nombre de bonnes volontés, dispersées aux quatre coins de la France. Il vint des agrégés de philosophie, d'abord. Les « philosophes », quand ils se dégoûtent de l'audace métaphysique, ne se contentent pas tout de suite de la modestie historienne. Même lorsqu'ils appliquent tout leur esprit sur les faits, il ne révèrent pas les faits pour eux-mêmes. Quelle satisfaction, s'écriait Carlyle, de pouvoir se dire : Jean sans Terre a mis son pied là! Beaucoup d' « historiens » de nos jours trouvent moyen de se borner à ces joies. Le philosophe, même démissionnaire, restera un peu plus ambitieux. A travers les détails rassemblés, il se hâte vers les types et les lois. Ce souci de généralités était précisément indispensable à l'entreprise de l'*Année* : comment, sans lui, dégager de l'histoire proprement dite quelque chose qui ressemble à une science ? L'impétueuse conviction de Mauss, m'a-t-on raconté, effara par ce mot le scrupuleux Marillier (3) : « A la science des religions il faut désormais des architectes, et non plus seulement des maçons. »

Il vint donc des philosophes, des anciens et des nouveaux. Richard (4), professeur au Havre, avait été camarade d'école de Durkheim. Il avait démontré, de son côté, par une thèse sur l'*Origine de l'idée du Droit*, comment le rapprochement méthodique des faits peut utilement remplacer la spéculation *a priori*. Il se chargea, dans l'*Année*, de la « sociologie criminelle » et de la « statistique morale ». Parodi, de Limoges (5), m'aida pour la « sociologie générale ». Lapie, de Pau, collabora avec Durkheim à la section de la « sociologie juridique et morale. » La « sociologie économique » fut menée par Simiand.

Simiand était resté à Paris et devait y trouver un poste de bibliothé-

---

(1) *Tabou*, se dit d'un objet sacré qu'il est dangereux de toucher. *Totem*, désigne l'animal dont certaines tribus sont censées descendre. Voir entre autres, pour l'explication de ces termes, S. Reinach : *Cultes, mythes et religions*.
(2) Professeur de philosophie au lycée de Cherbourg.
(3) Professeur à l'École des Hautes-Études, mort en 1901, avant d'avoir pu donner tout ce que promettait sa connaissance approfondie des religions primitives et de la psychologie expérimentale.
(4) Maintenant professeur de science sociale à la Faculté des Lettres de Bordeaux.
(5) Aujourd'hui professeur de philosophie aux lycées Saint-Louis et Henri IV.

caire. Admirable poste pour agir sur les esprits. Si jamais on fait pour de bon l'histoire de notre jeune Université, on sera bien forcé de dire que des bibliothécaires furent, pour beaucoup de ses membres, de quasi-directeurs de conscience. Oh ! les plus modestes, les plus impersonnels, les plus anonymes, si j'ose dire, des directeurs ! Mais tout de même ils disposent, sans peut-être la mesurer eux-mêmes, d'une admirable, d'une redoutable puissance sociale. Ils ont la clef du royaume des livres, et ils gardent, aux yeux des jeunes arrivants un peu ahuris, quelque chose du prestige des esprits qui errent dans ces galeries bigarrées. Ils semblent les maîtres, non seulement du passé lointain, mais de l'avenir prochain. Ils savent non seulement ce qui vient de paraître, à l'étranger aussi bien qu'en France, mais ce qui va paraître. Leur bureau surchargé d'envois frais éventrés est tour à tour une manière de confessionnal et une manière de prétoire. Là les chercheurs qui s'ignoraient se rencontrent pour s'aboucher, ou s'entre-heurter. Là se font et se défont les réputations. Là se lancent les mots d'ordre décisifs. Un bibliothécaire qui sait son métier, ou plutôt ses métiers, tient du prêtre et du juge, du général et du chef d'orchestre. Ce fut un rare bonheur pour l'*Année* d'avoir pour elle, dès l'abord, un bibliothécaire.

Aux philosophes, d'ailleurs, venaient s'adjoindre des archéologues, des linguistes, des juristes. Hubert, conservateur au musée de Saint-Germain, où il est le second de Reinach, fut aussi, à l'*Année*, l'*alter ego* de Mauss : la préface qu'il a ajoutée au *Manuel* (1) de Chantepie de la Saussaie indique nettement le sens des efforts qu'ils font l'un et l'autre pour dégager de l'histoire des religions, de l'ethnographie, du folklore, la sociologie religieuse proprement dite. Meillet, directeur à l'Ecole des Hautes-Etudes, apportait de son côté à l'*Année* les secours de sa science de linguiste : le dernier mémoire qu'il nous a donné rappelle utilement que les changements « sémantiques » eux-mêmes, comme dirait M. Bréal, dépendent étroitement de la différenciation des éléments sociaux. Des juristes, enfin, accouraient à la rescousse : E. Lévy, d'Aix ; Huvelin, de Lyon ; Charmont, de Montpellier. Belle preuve qu'un esprit nouveau agite, en effet, nos facultés de droit...

Vous vous étonnerez peut-être que je ne vous cite pas Lévy-Bruhl (2). Il semble que l'opinion associe volontiers son nom, aujourd'hui, à celui de Durkheim et aux nôtres. Son cas est spécial. Un long travail d'information et de réflexion solitaires, par des chemins qui ne sont connus que de lui, l'a en effet rapproché de nous. L'année qu'il consacra à vivre avec Auguste Comte lui rappela vivement sans doute combien il était urgent, si l'on voulait être délivré des fantômes de la métaphysique, que la sociologie prît corps. Un peu plus tard, portant son regard critique sur les « fondements » de la morale, il s'aperçut que toutes les théories *a priori*,

---

(1) *Manuel d'histoire des religions*, trad. fr., Colin, édit., in-8 ; 16 francs.
(2) Professeur d'histoire de la philosophie à la Sorbonne.

dont on prétendait l'appuyer, tombaient en poussière. Il fallait donc renverser décidément les vieux autels, déblayer la place, construire d'abord, à frais nouveaux, une véritable *science* des mœurs. Le livre-programme désormais fameux qui s'appelle la *Morale et la science des mœurs*, mieux que tout autre appela l'attention générale sur la nécessité des comparaisons préalables où nous étions engagés. Sans la convergence de leurs résultats, la science de la morale ne sera pas. Et par conséquent, nul ne pourra décider expérimentalement dans quelle mesure le gouvernement de la vie morale elle-même revient à cette science, ou lui échappe. Absorbé sans doute par les longues recherches de faits que son manifeste exige, Lévy-Bruhl est resté en marge de l'*Année*. Il n'en est pas moins vrai qu'il est — donnez tout son sens à cette formule vulgaire — de cœur avec nous, et son aide nous est des plus précieuses. Loués soient les mânes d'Auguste Comte puisqu'ils ont fait surgir à point nommé pour notre compagnie, après un sergent comme Durkheim, un clairon comme Lévy-Bruhl.

**

Quels sentiments communs animent cette troupe ?

Je vous en ai laissé entrevoir quelques-unes déjà, au courant du rapide appel que nous venons de faire. Et il est sans doute dangereux en cette matière de vouloir trop préciser. Il est bien entendu qu'on n'est pas une congrégation. Chacun chez nous garde, avec son quant-à-soi, son droit d'évoluer. Et nul plus que celui-là même qui distribue la besogne n'est respectueux de ce droit. La solidarité moderne, disait la *Division du Travail*, implique la libération bien plutôt que la compression des individualités. Cela est vrai au moins de la solidarité de l'*Année*.

Tout de même, puisqu'on collabore, il faut bien qu'on ait accepté d'un commun accord un certain nombre de postulats.

Il y a des lois pour la nature sociale non moins que pour la nature physique : c'est là, me semble-t-il, notre postulat le plus général. N'entendez pas, pour autant, que nous voulons, comme on dit, réduire ou ramener le social au physique et, par exemple, assimiler les sociétés aux organismes. L'équipe de l'*Année* ne s'est pas attardée à cette chasse aux métaphores. Sur ce point encore, elle est fidèle à la pensée d'Auguste Comte. Il est loin de nier l'hétérogénéité des ordres de phénomènes. Il admet, il proclame qu'aux différents échelons de l'être, — avec la vie puis avec la société, — l'univers voit du nouveau. Durkheim est fidèle à ce principe quand il observe que, de même qu'un fait de conscience ne se laisse pas réduire au mouvement des cellules qu'il met en jeu, un phénomène social reste distinct, finalement, des consciences individuelles qui lui servent de substrats.

C'est pourquoi il avait le droit, dans sa préface à la 2ᵉ édition des *Règles de la méthode sociologique*, de repousser l'accusation de matérialisme : rationalistes, disait-il, nous n'acceptons pas d'autre épithète. Nous n'assimilons pas les phénomènes sociaux aux autres. Et au contraire nous les en distinguons plus soigneusement que personne, mais nous prétendons que, comme les autres, ils sont soumis à des lois. Nous prétendons que ces lois ne se révèleront qu'à qui empruntera, avec les transpositions nécessaires, les procédés qui ont réussi pour les sciences antérieures. Les rapports constants qui gouvernent l'ordre social, on ne les découvrira pas sans doute en regardant en l'air, ou en restant penchés sur le puits intérieur ? La psychologie seule y est donc aussi impuissante que la métaphysique. Ici comme ailleurs il faut observer du dehors, mais observer pour comparer et comparer pour induire.

Vous comprenez par là pourquoi je vous montrais tout à l'heure les sociologues entre deux extrémités, et s'efforçant de se tenir à égale distance du verbalisme, qui est la maladie des philosophes, et du spécialisme, qui est la maladie des historiens. Les sociologues refusent de s'envoler dans la spéculation ; mais aussi de s'enliser dans l'érudition. Vous le savez : le « siècle de l'histoire » a fini comme accablé sous le poids des trophées qu'elle lui a conquis dans tous les passés. Renan l'avait vaguement prévu, Langlois (1) le montre clairement, avec des statistiques bibliographiques. Il est vrai que beaucoup de gens prennent philosophiquement leur parti de cet accablement. Philosophiquement : entendez en renonçant à toute espèce de philosophie. Ils entassent les fiches sur les fiches. Et les vastes labeurs qu'ils s'imposent pour ce jeu leur dissimulent à eux-mêmes leur paresse profonde d'esprit. Mais de ce chaos humain, d'autres persistent à souffrir. La sociologie est premièrement un effort pour écarter cette souffrance. Cherchons systématiquement, parmi les phénomènes qui passent, ceux qui se ressemblent et ceux qui se répètent. Fixons notre attention, comme disait Lacombe (2), sur « l'institution » plus que sur « l'événement », sur les habitudes collectives plus que sur les initiatives individuelles. Reconnaissant la réalité propre des êtres sociaux, essayons de discerner en quoi ils se rapprochent et en quoi ils se distinguent. Ainsi peut-être, à la recherche historique des centres de coordination s'offriront, comme des aimants pour la limaille des faits : on verra apparaître des concordances et des régularités, des types et des lois, des principes d'ordre.

Sylvain Lévi (3), dans sa préface à l'*Histoire du Népal*, espère que la monographie de cette vallée perdue, en aidant à dégager les lois qui gouvernent l'évolution des communautés humaines, fera reculer « l'inconnu, toujours dangereux ». Mais en effet l'inconnu ne recule que si les études particulières nous mettent sur la voie des conclusions générales. Contre les sur-

---

(1) Professeur d'histoire à la Sorbonne. V. ses *Études d'histoire et d'enseignement* (1re série).
(2) Inspecteur honoraire des Bibliothèques ; son livre sur l'*Histoire considérée comme science* (Hachette) est regardé comme un de ses meilleurs manuels méthodologiques de langue française.
(3) Indianiste, professeur au collège de France.

vivances du mysticisme, tous les avatars de l'empirisme restent impuissants. La sociologie, en s'efforçant à sa façon d'ordonner l'histoire, pouvait se flatter de servir indirectement la cause rationaliste — sous laquelle il vous est permis de reconnaître ce que nous appelons, en langage de réunion publique, « l'idée laïque ».

L'« idée sociale » aussi — les collaborateurs avaient le droit de l'espérer — trouverait son compte au progrès de la sociologie. Et certes il était difficile de préciser, du travail qui s'ébauchait ainsi, les futures applications. Et les travailleurs savaient de reste que, pour faire de bonne besogne scientifique, il faut fermer l'oreille aux bruits de la rue, aux suggestions du présent. Il n'importe : ils avaient le sentiment que leur effort d'organisation intellectuelle « servirait à quelque chose ». Durkheim ne disait-il pas dans sa thèse que, sans la pensée des services sociaux qu'elle doit rendre, la sociologie, à ses yeux, ne vaudrait pas une heure de peine ? Le moment était venu où Brunetière et Berthelot échangeaient des affirmations énergiques, sans grand résultat, à propos de la « banqueroute de la science ». La question nous semblait mal posée. La science, criait Brunetière, s'est révélée incapable de montrer leur devoir aux sociétés ? La science de la nature, sans doute, la chimie ou même la biologie. Mais la science des sociétés elles-mêmes, et plus particulièrement la science des règles que les divers types de sociétés imposent normalement aux individus, la science sociale de la morale ne nous fournissent-elles pas d'utiles points de repère ? Attendez du moins, avant de contester leur puissance éclairante, que les phares soient dressés... Ainsi tout conspirait, besoins pratiques et besoins théoriques, pour nous exciter à dresser au plus tôt notre phare, et à « éclairer notre lanterne ».

Et, encore une fois, chacun des collaborateurs devait sentir ces mêmes besoins à sa façon, et à sa façon se représenter les moyens précis d'y satisfaire. Il n'était pas possible que les rapports de la sociologie avec la psychologie par exemple, ou surtout de la sociologie avec la morale, fussent compris, jusque dans le détail, de la même manière par tous les collaborateurs. Il faudrait opérer ici des classifications délicates. A côté des véritables « disciples », il y a des « frères-libres ». Dans le Parti sociologique aussi, un œil exercé distinguerait des Unifiés et des Indépendants...

Mais qu'importent ces menues divergences ? L'essentiel était qu'on s'entendît sur le sens de l'effort à faire pour dégager la sociologie proprement dite de la philosophie et de l'histoire. Il s'agissait avant tout de faire comprendre ce qu'on gagne en connaissance scientifique des différents phénomènes historiques — religieux ou économiques, juridiques ou moraux — lorsqu'on prend la précaution de les rapporter aux réalités sociales qui les supportent. Il importait donc de fournir au plus tôt, dans la mesure du possible, des études proprement sociologiques ; mais d'abord de démêler, dans les recherches menées jusqu'ici par les diverses disciplines de l'histoire, les vérités générales qui avaient trait aux habitudes collectives. En rapprochant et en coordonnant les inductions ainsi acquises, on montrerait la sociologie en train de se constituer. On la saisirait dans son devenir. On l'aiderait à s'élever, de la phase des tâtonnements inconscients, à celle de la conscience méthodique.

Ainsi s'explique l'organisation de l'*Année*, et, après les *Mémoires*, la grande part laissée aux *Analyses* qui s'efforcent de retenir, en les répartissant en différentes sections, les résultats plus ou moins directement sociologiques des travaux les plus variés. Deux vitrines, pouvait-on dire, une petite et une grande : à côté des échantillons, les résidus...

*
* *

L'idée directrice de cet organisme a été peu à peu, semble-t-il, comprise et acceptée. Nous avons aujourd'hui ville prise. Les plus sceptiques nous font crédit. La *Revue de métaphysique et de morale*, qui surveille jalousement l'*Année sociologique*, la couvre de fleurs avant de l'aiguillonner.

La conspiration de bienveillance dont paraissent jouir aujourd'hui, dans la critique, Durkheim et ses satellites, me met à l'aise pour rappeler que les débuts ne furent pas aussi heureux. La sociologie de l'école de Bordeaux eut à remonter bien des préventions. Préventions qui découlaient, elles aussi, tant des soucis pratiques que des soucis théoriques.

La plupart de ceux qui tenaient à sauver, sous une forme ou sous une autre, les restes de la tradition spiritualiste, devaient voir sans plaisir surgir le bloc, enfariné de positivisme, de cette sociologie. Je me rappelle que mon maître Henry Michel (1), disciple de Renouvier, nous induisait en défiance. Selon lui, les problèmes proprement humains ne pouvaient être résolus qu'à force d'esprit de finesse. Une sociologie qui voulait être objective ne devait saisir que le contour extérieur des choses. Par l'histoire des doctrines politiques, qui était aussi à ses yeux comme une démonstration vivante de la liberté, Henry Michel pensait toucher des moteurs autrement puissants que « les modalités des groupements humains ».

Mais chose plus curieuse : à l'autre extrémité de l'échelle philosophique, nous rencontrions des défiances égales, sinon supérieures. Ceux qui s'acharnaient après tout ce qui pouvait rester de « cousinisme » dans notre philosophie universitaire, ceux qui s'efforçaient d'y remplacer les jongleries d'abstractions par la chasse aux faits positifs, ceux-là même accueillirent assez fraîchement, semblait-il, les *Règles de la méthode sociologique*. Ils y flairaient avec horreur les abstractions réalisées, le verbalisme, je ne sais quelle scolastique nouvelle.

---

(1) Professeur de philosophie au lycée Henri IV, puis chargé d'un cours d'histoire des doctrines politiques à la Sorbonne; mort lui aussi avant d'avoir pu donner toute sa mesure; son principal ouvrage est sa thèse sur *L'Idée de l'État*. Sa *Loi Falloux* a été publiée après sa mort par les soins de ses amis.

Il faut dire que Durkheim, comme il devait l'accorder lui-même, aimait à présenter ses idées par la pointe plutôt que par la poignée. « Il faut traiter les faits sociaux *comme des choses*. — La Société a son existence propre *en dehors* des consciences individuelles. » Des formules de cet acabit étonnaient. Les esprits réalistes — j'entends soucieux des réalités concrètes et particulières — se rétractaient à leur contact.

Vous trouveriez un bel exemple de ces malentendus dans la collection de la *Revue universitaire*. Lucien Herr (1) y tenait alors le bâton de la critique. Et il en faisait de terribles moulinets. C'est ainsi qu'on s'impose quelquefois d'avoir l'air méchant, par altruisme profond, dans l'intérêt supérieur de la patrie intellectuelle. Je crois bien me rappeler que, par les soins de Herr, Durkheim fut comparé à Wolf (2) lui-même. Tant on craignait de nouveaux jeux de mots !

J'ai indiqué d'ailleurs que des préoccupations plus ou moins politiques devaient collaborer, pour entretenir la défiance, avec les préoccupations proprement philosophiques. Collusions fatales, vous le savez, et d'autant plus difficiles à éviter qu'elles s'opèrent, le plus souvent, dans les ténèbres de l'inconscient. « Dis-moi quel est ton parti, et je te dirai ce que vaut ton livre ». C'est un principe auquel, malgré la bonne volonté des rédacteurs, bon nombre de revues « critiques » ont de la peine, m'assure-t-on, à ne pas obéir. A ce moment-là il était un peu plus facile d'être impartial. Le vent de la grande explosion — l'affaire Dreyfus — n'avait pas encore plié les esprits. Mais il y avait déjà des « intellectuels » prévoyants, qui s'occupaient à préparer de loin la révolution ou, si ce vocable vous paraît trop romantique, la réorganisation sociale. Ils voulaient au moins ouvrir la voie à ce que Andler (3) et Belot (4) devaient appeler, un peu plus tard, un « socialisme libéral ». C'est ceux-là que le sociologisme inquiétait vaguement. En présentant les sociétés comme des choses naturelles, ne va-t-il pas gêner, semblait-on penser, les redressements concertés que nous réclamons ? Entre ses recours au « type normal » et notre appel à l'idéal rationnel, l'opposition ne va-t-elle pas éclater ? Notez d'ailleurs que dans les premiers travaux de Durkheim, dans ses articles de la *Revue philosophique* sur la *Science de la morale en Allemagne*, des passages prêtaient à l'équivoque. Il semblait, en effet, reprocher aux « socialistes de la chaire » une confiance excessive — et peu conséquente avec l'espèce de naturalisme qu'il montrait à la base de leur *nationalœkonomie* — dans l'interventionnisme. La science sociale allait-elle donc jeter un froid sur nos ardeurs réformatrices ? C'est peut-être à cause de cette inquiétude que l'on commençait, dans le prétoire des bibliothèques, à requérir contre la sociologie.

---

(1) Bibliothécaire à l'École normale supérieure.
(2) Wolf, vulgarisateur de la pensée leibnitzienne en Allemagne. C'est contre l'ontologie de Wolf que Kant réagit.
(3) Professeur de langue et littérature allemandes à la Sorbonne.
(4) Professeur de philosophie à Louis-le-Grand.

Des passions que ces questions soulevaient j'éprouvai moi-même le poids. L'idée m'était venue de confronter, dans la *Revue de métaphysique et de morale*, telles tendances ou habitudes de la démocratie et telles thèses des sociologues. Entre celles-ci et celles-là j'avais relevé bonnement les désaccords. Là-dessus, Andler prit feu. Et le feu fournit beaucoup de fumée. Le futur auteur du *Socialisme d'Etat en Allemagne* ne se contentait pas de défendre la démocratie. Il sautait, si l'on peut dire, à la gorge de la sociologie et la secouait de main de maître. Elle prétendait, selon lui, se passer et de la psychologie et de l'histoire. Elle se condamnait donc à tourner sans fin dans un cercle d'entités. Le plus grand service qu'on puisse rendre aujourd'hui aux sociologues, concluait-il, c'est de les décourager.

***

On ne s'est pas découragé. Et il faut croire qu'on a bien fait : les nuées se sont effilochées petit à petit. La plupart de ceux qui nous morigénaient alors nous font aujourd'hui un cortège de sympathies.

La politique encore n'a sans doute pas été étrangère à ces revirements. Vint la secousse de l'Affaire. Sociologues et antisociologues, on se trouva tous du même bord. Et du coup, non seulement on eut mieux à faire qu'à batailler entre soi, mais on comprit mieux, devant l'adversaire commun, qu'on servait un même idéal.

L'équipe de l'*Année* ne plaignit pas sa peine. Les aînés comme les cadets, à Paris et en province, tous firent leur devoir de citoyen « intellectuel ». Tous eurent à cœur de montrer, au lendemain de l'Affaire elle-même, qu'il avaient aperçu toute la largeur du problème posé, et entrevu les reconstructions nécessaires. La plupart consumèrent dans les U. P. ce que leurs métiers de professeur et de sociologue leur laissaient de temps et de forces. D'autres, comme Durkheim à Bordeaux et aux environs, se dépensèrent dant les sections de la ligue des Droits de l'Homme. D'autres encore, plus sceptiques à l'égard des parlottes, et plus soucieux de ce que les marxistes appellent les substructures de la société, se consacrèrent, comme Mauss, à l'organisation des coopératives.

Ce n'était pas d'ailleurs par leur seule attitude dans la vie politique que les collaborateurs de l'*Année* donnaient des preuves de bon teint. On s'apercevait que leurs livres aussi concluaient, l'un après l'autre, pour la démocratie. L'un des résultats de la thèse de Durkheim était de montrer, dans les tendances socialistes, non pas on ne sait quel accès de fièvre incompréhensible, mais le symptôme d'un besoin organique : pour que la division du travail produisît ses effets normaux de solidarité libératrice, encore fallait-il qu'elle ne fût pas « contrainte » ; et elle serait contrainte tant que la société ne garantirait pas, aux individus concurrents, un minimum de possibilités égales. Durkheim insistait, d'ailleurs, dans la préface de sa 2e édition, sur le rôle qui devait revenir, dans cette œuvre de réorganisation, aux groupements professionnels. Il avait indiqué, dans la conclusion du *Suicide*, leur puissance de réchauffement moral. Ouvrez l'évangile du néo-syndicalisme, l'*Avenir socialiste des syndicats*, de Sorel, et vous découvrirez facilement les points d'attache entre la pensée de ce verveux prophète et celle de notre sociologue « objectif. »

La plupart des collaborateurs de l'*Année* étaient ainsi amenés à indiquer, chacun à sa manière, la nécessité de ce que M. Bourgeois, salué par l'enthousiasme d'Andler, devait appeler les grands « redressements de comptes. » Richard, sans doute, dans le *Socialisme et la Science sociale*, avait pris nettement position contre le matérialisme marxiste. Mais au moins rappelait-il que le libéralisme digne de ce nom implique l'atténuation de la concurrence, et son livre sur *L'Idée d'Évolution dans la Nature et dans l'Histoire* contient un des réquisitoires les plus denses qu'on ait écrits contre le laissez-faire. Lapie, dans la *Justice par l'État*, par ses remarques sur les « causes indéterminées » de l'injustice et la nécessité de la « magistrature économique », élargissait de son côté la route de l'interventionnisme. Nos juristes prenaient la tête de ce qu'on appelle quelquefois le socialisme juridique : la conférence d'E. Lévy sur *L'Affirmation du Droit collectif* a déjà beaucoup servi, et servira encore beaucoup aux adversaires de la « propriété bourgeoise ». D'autres, au même moment, à qui la préoccupation scientifique ne faisait pas oublier l'actualité, s'employaient à défendre le principe même des idées égalitaires contre les retours offensifs de l'aristocratisme, déguisé en naturalisme « scientifique ». De Simiand, de Mauss, de Fauconnet je ne parle pas. Ils gravitaient les uns et les autres, de plus ou moins près, autour de la *Librairie* ; c'est tout dire. J'entends la fameuse librairie de la rue Cujas, la *Société nouvelle*. Vous vous souvenez des petits tracts rouges dont elle constella les étalages de livres. Elle fut, pendant quelque temps, le centre rayonnant, le soleil du réformisme.

Je relisais l'autre jour, pour les besoins d'une polémique locale, la *Mêlée sociale*. J'y relevai, non sans étonnement, que Clemenceau, naguère, pestait contre l'Université, comme trop individualiste. Il semblait se plaindre qu'il n'y eût pas assez de professeurs pour défendre doctement, contre le laissez-faire spencérien, « l'altruisme collectif » et tout ce qui s'ensuit. Maintenant, j'imagine que, sur ce point au moins, ses vœux sont comblés. Nous nous sommes constitué, à l'instar de l'Allemagne, — *mutatis mutandis*, — un « socialisme de la chaire » qui n'en craint pas.

Si j'ai insisté sur la part que prirent les sociologues à ce mouvement, c'est que je suis persuadé que cette tendance leur attira ou leur fit revenir du monde. Les questions de sentiments sont encore celles qui, le plus sûrement, rapprochent ou séparent — sans qu'ils se doutent toujours, d'ailleurs, de l'aimant qui les meut — les gens les plus intellectuels. En la circonstance, les sympathies morales et politiques servirent sans doute la cause de la science sociale : elles étendirent sous ses pas un tapis moelleux.

Mais, si j'ai insisté, précisément parce qu'ils restent le plus souvent inconscients, sur ces concours extrinsèques, ce n'est pas que je méconnaisse, croyez-le bien, la force d'attraction propre que possède, aux yeux des intellectuels, le travail sérieux, intense et continu. Ce n'est pas en s'agitant, c'est en travaillant pour de bon que Durkheim a conquis le meilleur de son prestige. Au fur et à mesure que sortaient les produits de son atelier, on ne pouvait vraiment plus croire que cette sociologie ne serait que fer creux et abstractions vides. On ne pouvait plus croire que les sociologiens prétendaient se passer, pour étudier les êtres sociaux en eux-mêmes, d'histoire comme de psychologie. La seule organisation des analyses de l'*Année*, en particulier, supposait une énorme consommation de connaissances historiques. Des gens qui s'attelaient patiemment à une pareille besogne ne pouvaient décidément passer plus longtemps pour des blagologues, comme on dit dans l'argot des bibliothèques.

Mais ici je m'arrête. Il faudrait trop louer. Il faudrait casser l'encensoir sur le nez de gens qui me touchent de trop près. Qu'il me soit permis seulement de retenir un mot de Goblot (1). Dans la *Revue de synthèse historique*, rendant compte de l'*Année*, il parlait de « la conscience qui y resplendit. » On s'accorde en effet généralement à reconnaître que l'*Année* est un navire bien tenu: c'est que l'équipage aime le navire, et le capitaine.

**

Il semble donc que nous ayons, à l'heure actuelle, le vent en poupe et qu'il ne nous reste plus qu'à laisser courir. Et pourtant nous nous préoccupons, en ce moment même, de changer notre aménagement intérieur. Notre tome X, qui vient de paraître, marque la fin d'une période.

Nous voulions exposer, disais-je, d'une part des échantillons, d'autre part des résidus sociologiques. Les échantillons, c'étaient les mémoires imprimés dans la première partie de l'*Année* : par exemple les études de Mauss et Hubert sur la *Magie* et le *Sacrifice* (2), celles de Simiand sur le *Prix du charbon* (3) ou de Bourgin l'*Industrie de la boucherie* (4). Ces mémoires occupaient jusqu'ici beaucoup moins de place que les comptes-rendus. C'est qu'il était difficile, d'abord, tant qu'une équipe assez nombreuse n'était pas formée et armée, de fournir beaucoup de travaux originaux : les inductions sociologiques supposent un immense soubassement de faits. On dépense beaucoup de temps à rassembler et à tailler ces pierres. Et beaucoup de temps, en attendant, nous est mangé par les analyses. Comptez, dans la section de la sociologie religieuse ou dans celle de la sociologie économique, combien tel d'entre nous est astreint à

---
(1) Professeur d'histoire de la philosophie et des sciences à la Faculté des Lettres de Lyon.
(2) Tomes VII et II.
(3) Tome V : *Remarques sur les variations du prix du charbon au XIXe siècle*.
(4) Tome VIII : *La Boucherie à Paris au XIXe siècle*.

dépouiller, chaque année, de livres ou d'articles. Cela fait des tas formidables. Nous pensons que le moment est venu de consacrer moins de forces à la récolte des résidus, et plus à la préparation des échantillons. Nous sentons qu'en même temps que la multiplication des travaux personnels nous devient en soi plus facile, elle est plus que jamais nécessaire.

Plus facile, parce que le nombre des initiés augmente ; chacun de nous, en vieillissant, fait des élèves. Hertz (1), Bianconi, Halbwachs par exemple, pour ne parler que des Parisiens, sont prêts à entrer dans la carrière. Il est permis d'espérer que bientôt un assez grand nombre de questions à la fois seront abordées par la méthode sociologique.

Et s'il est urgent que nous présentions à l'opinion philosophique un ensemble de productions positives, c'est qu'il n'y a pas d'autre moyen pratique de balayer les équivoques qui tournent encore autour de nos ambitions. Le manifeste de Lévy-Bruhl, disais-je, a utilement appelé l'attention sur les services qu'une science mieux comprise pourrait rendre à la morale. Mais, en même temps, il a permis d'entrevoir tout ce qu'un certain nombre de gens paraissent attendre, peut-être à tort, d'une « morale scientifique ». Sous ce titre, Albert Bayet ne publiait-il pas un petit livre où il semblait vouloir démontrer, au nom de la sociologie, que la morale n'a que faire de la notion de responsabilité et autres vieilles chansons métaphysiques ? Ceux-là mêmes dont il invoquait l'autorité durent déclarer qu'entre cette polémique et leur science, ils n'apercevaient pas le rapport (2).

De son côté, la philosophie classique continuait de résister. A la *Société de philosophie*, l'an dernier, à propos des rapports du fait moral et du fait social, Durkheim tint tête, durant deux séances, à une douzaine de collègues, aussi sceptiques, pourrait-on dire, que respectueux. Ce qu'on vit de plus clair, dans cette belle discussion (3), c'est combien il est difficile de se comprendre les uns les autres, tant qu'on reste dans le plan des définitions, introductions et programmes. On recommençait à prédire — en arguant entre autres des protestations de Durkheim, dans la *Revue bleue* et dans l'*Année* (4), contre la campagne pour l'élargissement indéfini du divorce — que la morale sociologique, le jour où elle serait, serait « conservatrice ». Vous la retrouverez, dans la thèse d'Hamelin (5), présentée comme une doctrine d'autorité et de tradition. Et le dernier des métaphysiciens, dont chaque phrase condense des mois de méditation silencieuse, expliquera comment son ancien collègue de Bordeaux, en ayant l'air d'incliner

---

(1) Un mémoire de Hertz vient de paraître dans le tome x de l'*Année : Contribution à une étude sur la représentation collective de la mort.*
(2) V. à ce sujet les déclarations de Durkheim dans le tome IX.
(3) V. le *Bulletin de la Société de philosophie*, année 1906.
(4) Tome IX.
(5) Naguère collègue de Durkheim à la Faculté de Bordeaux, depuis professeur à la Sorbonne ; sa thèse, longtemps attendue, sur *Les Eléments principaux de la représentation*, a paru cette année ; il est mort d'accident le 11 Septembre, à Huchet, près de Léon (Landes), où il prenait ses vacances.

l'individu devant la coutume sociale, érigerait en « absolus » des impératifs dont il aurait, mieux que personne, démontré le caractère « relatif ».

Comment discerner ce qu'il y a de vrai dans les objections des uns — ou d'utopique dans les espérances des autres — sinon en discutant, enfin, sur des exemples, sur des données, sur de l'acquis ? Faisons-la, la science de la morale. Et on verra bien, une fois faite, ce qu'elle vaut, quels problèmes elle résout, quels autres elle laisse en suspens. Et d'abord, puisque sans doute des conclusions pratiques, valables pour la conduite des sociétés, ne sauraient être que des couronnements, hâtons-nous de dresser les piliers : je veux dire multiplions les études précises, appliquées à telle question limitée.

C'est le sentiment de ces nécessités qui nous incite, en plein succès, à transformer notre œuvre. Les mémoires, en grossissant, se détacheront sans doute des analyses. Le volume consacré à celles-ci deviendra probablement intermittent et il nous restera plus de temps, dans les intervalles, pour préparer les numéros d'une bibliothèque ou collection de l'*Année sociologique*. Alcan est d'accord. Le nouvelle tâche est distribuée. Il est permis d'espérer que vous verrez paraître, l'an prochain, un volume sur les *Castes*, puis un sur la *Prière*, puis un sur le *Salaire*, un sur les *Phénomènes religieux élémentaires*, un sur l'*Homicide*, etc., etc.

Sur ces etc. alléchants je vous quitte, et retourne en hâte au sillon qui m'est assigné : l'exactitude est une des vertus de l'amitié sociologique.

C. Bouglé.

Nous publierons prochainement : Revues protestantes et journaux hebdomadaires protestants, *par* Paul Stapfer.

Les Sciences sociales en Allemagne; les méthodes actuelles, par C. BOUGLÉ. (Paris, Alcan, 1896.) — M. Bouglé s'est proposé, dans le présent volume, de caractériser les tendances actuelles des sciences sociales en Allemagne, et, à cet effet, il étudie spécialement la méthode et les idées générales de quatre des maîtres contemporains les plus connus : Lazarus, l'auteur d'une psychologie des peuples, le moraliste Simmel, l'économiste Wagner, le juriste Ihering. Le trait caractéristique commun à ces quatre penseurs, c'est qu'ils se montrent préoccupés, les uns comme les autres, d'éviter tout à la fois les exagérations de la méthode spéculative abstraite et celles de la méthode historique. Ils ne veulent pas être des spéculatifs à la manière de Kant ou de Hegel qui construisaient *a priori* avec un superbe mépris des faits la société, le droit, l'État ; ils savent qu'à vouloir déduire l'univers de l'idée, on n'aboutit qu'à construire un monde purement théorique, sans rapport et sans communication possible avec le monde réel ; à l'école des historiens, ils ont appris à connaître la complexité infinie de toute réalité et qu'elle ne se laisse pas enfermer dans une formule simple. Mais ils ne veulent pas davantage se contenter d'être de purs historiens ; l'histoire, disent-ils, si parfaite qu'on la suppose, ne peut que décrire les aspects infiniment variés de la réalité, mais elle est incapable de rien expliquer, incapable de formuler les lois générales qui permettent de comprendre les phénomènes historiques ; or il y a une certaine paresse d'esprit à s'absorber dans l'étude minutieuse des faits et à se désintéresser ainsi *a priori*, non pas seulement des réformes pratiques qu'on abandonne aux charlatans empiriques, mais aussi des efforts théoriques destinés à mettre l'unité dans la multiplicité des phénomènes sociaux. Il faut avoir le courage de dépasser le point de vue historique, de s'élever jusqu'à l'explication psychologique de l'évolution morale et sociale, de formuler les lois abstraites du *devenir* historique. Et, dans un effort de pensée vraiment très beau, ces nouveaux dogmatiques cherchent des formules assez souples, assez compréhensives pour expliquer le monde réel dans sa complexité. Nous ne refusons pas d'admettre, avec M. Bouglé, cet effort et l'ingéniosité des théories auxquelles il a conduit les savants allemands ; mais nous nous demandons cependant si les résultats de cette tentative hardie sont plus solides et plus utiles que ceux des historiens. Sans doute, il est un peu puéril de cultiver l'histoire pour elle-même et de chercher une mensongère satisfaction intellectuelle dans l'apparente précision de résultats qui ne signifient rien par eux-mêmes ; encore peut-on se consoler de son ignorance par l'espoir — d'ailleurs illusoire peut-être — d'avoir préparé, par l'analyse complète d'une parcelle, si infime soit-elle, de la réalité, quelques matériaux solides pour une synthèse future. Mais on se demande, d'autre part, en fermant le livre si attachant de M. Bouglé, si, dans l'état actuel de nos connaissances, cette explication « exacte » des faits historiques que rêvent les nouveaux dogmatiques ne comporte pas trop de causes d'erreurs pour avoir quelque chance de correspondre à la réalité ; et peut-être sera-t-on tenté de conclure que, s'il est vain de s'enfoncer dans l'étude micrologique des faits, il n'est pas beaucoup moins vain de tenter la synthèse psychologique, même partielle, d'une réalité dont nous connaissons encore si imparfaitement le détail infini.

HENRI LICHTENBERGER.

www.ingramcontent.com/pod-product-compliance
Lightning Source LLC
Chambersburg PA
CBHW060710050426
42451CB00010B/1373